Guttentag'sche Sammlung
Nr. 100. Deutscher Reichsgesetze. Nr. 100.
Text-Ausgaben mit Anmerkungen.

Gesetz über den
Absatz von Kalisalzen.

Vom 25. Mai 1910.

Text-Ausgabe mit Anmerkungen und Sachregister

von

Carl Voelkel,
Geheimer Bergrat.

Berlin 1910.
J. Guttentag, Verlagsbuchhandlung,
G. m. b. H.

Inhaltsverzeichnis.

Abkürzungen.

a. a. O. = am angegebenen Orte.
Abs. = Absatz.
Abschn. = Abschnitt.
a. M. = anderer Meinung.
Anm. = Anmerkung.
Art. = Artikel.
Aufl. = Auflage.
AusfBest. = Ausführungsbestimmungen des Bundesrats (Anhang I).
Bd. = Band.
Begr. = Begründung zum Entwurfe eines Gesetzes über den Absatz von Kalisalzen, Drucksache Nr. 219 des Reichstags, 12. Legislaturperiode, II. Session 1909/10.
Bek. = Bekanntmachung.
betr. = betreffend.
BGB. = Bürgerliches Gesetzbuch.
Drucks. d. RT. oder Drucks. = Drucksachen des Reichstags.
Einl. = Einleitung.
Entsch. = Entscheidung.
Entw. = Entwurf eines Gesetzes über den Absatz von Kalisalzen. Drucksache Nr. 219 des Reichstags, 12. Legislaturperiode, II. Session 1909/10.
G. oder Ges. = Gesetz.
GewO. = Gewerbeordnung für das Deutsche Reich.
i. d. F. = in der Fassung.
KB. = Bericht der 9. Kommission des Reichstags über den Entwurf eines Gesetzes über den Absatz von Kali-

salzen. Drucksache Nr. 475, 12. Legislaturperiode, II. Session 1909/10.
RG. = Reichsgericht.
RGBl. = Reichs-Gesetzblatt.
RStGB. = Reichsstrafgesetzbuch.
RT. = Reichstag.
S. = Seite.
sog. = sogenannte.
StenBer. = Stenographische Berichte, wenn ohne Zusatz = Stenographische Berichte des Reichstags, 12. Legislaturperiode, II. Session 1909/10.
StPO. = Strafprozeßordnung.
VO. = Verordnung.
vgl. = vergleiche.
Ziff. = Ziffer.
ZPO. = Zivilprozeßordnung für das Deutsche Reich.
z. B. = zum Beispiel.

Einleitung.

I. Kalisalze.

Die wirtschaftliche Bedeutung der Kalisalze ist noch nicht lange bekannt. Als im Jahre 1856 mit dem von der Heydt-Schachte des dem Preußischen Staate gehörigen Steinsalzbergwerks in Staßfurt zum ersten Male Kalisalze — dem Steinsalz übergelagert — erschlossen worden waren, wurden sie zunächst als „unrein" und deshalb wertlos über die Halde gestürzt. Erst nach und nach, durch zahlreiche praktische Versuche gelangte man zu der Erkenntnis, daß diese, geringschätzig als „Abraumsalze" bezeichneten Begleiter des reinen Steinsalzes für Industrie und Landwirtschaft unschätzbare Dienste leisten können und an Wert das Steinsalz selbst bei weitem überragen.

Das Vorkommen der Kalisalze beschränkt sich nicht, wie früher vielfach angenommen wurde, auf die sogenannte Magdeburg-Halberstädter Mulde, vielmehr sind auch an vielen anderen Punkten Deutschlands, so insbesondere in Thüringen, Hannover, am Niederrhein, neuerdings auch im Oberelsaß Kalisalze gefunden worden. Sie kommen überall mit Steinsalz auf derselben Lagerstätte vor und gehören in

Norddeutschland der Zechsteinformation, im Oberelsaß dem Tertiär an. Keineswegs aber sind überall da, wo Steinsalz ist, auch Kalisalze. Die eigenartigen Bedingungen, unter denen nach Bildung der mächtigen Steinsalzlager über diesen noch eine Ablagerung leichter löslicher Salze, der Kalisalze, stattfand, scheinen nur ausnahmsweise vorhanden gewesen zu sein. Jedenfalls sind Kalisalze bisher in Ablagerungen, die eine dauernde wirtschaftliche Verwertung zulassen, nur innerhalb der Grenzen des Deutschen Reiches gefunden worden. Auch besteht nach dem gegenwärtigen Stande der geologischen Forschung keine starke Wahrscheinlichkeit dafür, daß in Zukunft außerhalb Deutschlands Kalifunde von Bedeutung gemacht werden sollten.

Was die Art der Entstehung der Kalisalzlagerstätten anlangt, so herrscht in der geologischen Wissenschaft seit langem die von Ochsenius aufgestellte, später von anderen nach verschiedenen Richtungen weiter entwickelte sogenannte Barrentheorie, der in neuerer Zeit von Walther die sogenannte Wüstentheorie gegenübergestellt worden ist.

Nähere wertvolle Angaben über die Entstehung der Kalisalzlagerstätten und die Verbreitung der Kalisalze enthält der von dem Direktor der Königlichen Geologischen Landesanstalt in Berlin Geheimen Bergrat Beyschlag vor der Kalikommission des Reichstags gehaltene Vortrag (Drucks. des RT. 1909/10 zu Nr. 475 S. 83ff.).

Ein wesentliches Begriffsmerkmal der Kalisalze ist ihr Gehalt an Kalium. Im übrigen treten sie in den verschiedensten chemischen Verbindungen (Carnallit, Kainit, Schönit, Hartsalz, Sylvinit usw.) auf. In den Handel gelangen sie teils als Rohsalze, wobei zu beachten ist, daß die Handelsbezeichnungen Karnallit, Kainit usw. sich nicht vollständig mit den gleichlautenden mineralogischen Bezeichnungen decken, teils als Fabrikate (Chlorkalium, schwefelsaures Kali, Kalidüngesalze usw.), teils als Mischungen von Rohsalzen und Fabrikaten.

Die Kalisalze sind für eine große Anzahl von Industrien, insbesondere für die zahlreichen Zweige der chemischen Industrie unentbehrlich geworden, indem sie diesen, zu Chlorkalium oder Kaliumsulfat verarbeitet, die hauptsächlichsten Ausgangsmittel für die weitere Fabrikation liefern.

Die Verwendung der Kalisalze zu gewerblichen Zwecken wird indessen schon lange bei weitem überwogen durch ihre Verwendung als Düngemittel in der Landwirtschaft. Kali d. h. die Verbindung des Elementes Kalium mit Sauerstoff (K_2O) ist, wie zuerst von L i e b i g festgestellt wurde, für den Aufbau der Pflanzen von besonderer Wichtigkeit, weil es die Bildung und Ablagerung von Stärke und Zucker in starkem Maße fördert. Ein ausreichender Kaligehalt der Ackerkrume ist in der Regel ebensosehr Vorbedingung des Gedeihens der Nutzpflanzen, wie der Gehalt an Phosphorsäure und Stickstoff. Die Kalidüngung ist daher namentlich dort von größter Bedeutung für den Ertrag der Landwirtschaft, wo der Boden kaliarm oder wo sein Gehalt an Kali erschöpft ist. Zur Kalidüngung wurden anfangs nur Fabrikate mit konzentriertem Kaligehalt, hauptsächlich Chlorkalium, verwendet, in neuerer Zeit werden aber vielfach Rohsalze mit hohem Kaligehalt (Kainit) bevorzugt. Im übrigen kommen für die Auswahl des Düngemittels im einzelnen Falle verschiedene Umstände, so die bessere Ausstreubarkeit einzelner Kalisalze, die schädliche Einwirkung von Chlor auf einzelne Pflanzen (Tabak, Wein) usw. in Betracht. Der Verbrauch von Kalisalzen in der Landwirtschaft beträgt zurzeit etwa 85 v. H. des Gesamtverbrauchs. Er ist einer weiteren starken Steigerung fähig, da der Wert der Kalidüngung zurzeit noch nicht allgemein bekannt ist.

Der Wert der aus Kaliwerken Deutschlands teils in der Form von Rohsalzen teils in der Form von Fabrikaten abgesetzten Kalisalze hat im Jahre 1909 schon die Summe von 100 Millionen Mark erheblich überstiegen. In der Kaliindustrie sind zurzeit nahezu 30000 Arbeiter beschäftigt.

Die Kalisalze sind nicht die einzigen „Abraumsalze" oder „beibrechenden Salze", vielmehr sind dem Steinsalz auch Salze aufgelagert, die an Stelle von Kalium Magnesia oder Bor enthalten und demgemäß als Magnesiasalze (z. B. Kieserit) oder Borsalze (z. B. Boracit) bezeichnet werden. Indessen gibt es auch Salze, die neben Magnesia auch Kalium enthalten (z. B. Schönit) und daher ebensowohl als Magnesiasalze wie als Kalisalze gelten können. Kali in geringer Menge (etwa 6 bis 8 v. H.) ist übrigens auch in feldspatführenden Eruptivgesteinen, so besonders in den Phonolithen des Brohltals im Rheingebiet, enthalten, ohne daß deshalb diese Gesteine als Kalisalze anzusehen wären.

II. Kalisalzbergbau.

Die Salze waren in Deutschland seit dem frühesten Mittelalter Gegenstand des Bergregals, das in seiner Richtung auf die Salze auch als Salzregal bezeichnet zu werden pflegte. Eine gesetzliche Anerkennung dieses Rechtszustandes findet sich in der Goldenen Bulle Kaiser Karls IV. vom Jahre 1356, die im Kapitel IX § 1 neben zahlreichen edlen und unedlen Metallen und Erzen auch die „mineras salis tam inventas quam inveniendas" dem Bergregal unterwirft. Die Regalität der Salze und auch der Solquellen war demgemäß in der Theorie und Praxis des gemeinen deutschen Bergrechts unbestritten.

Das Salzregal zeigte insofern eine Besonderheit, als es nicht bloß das Recht zur ausschließlichen Gewinnung der Salze und Solquellen, sondern daneben auch das Recht des Alleinhandels mit dem Salz enthielt.

Das Regalrecht auf die Salze stand ebenso wie das Bergregal überhaupt im frühen Mittelalter den deutschen Königen zu, ging aber nach Schwächung der königlichen Gewalt zusammen mit den andern Bergregalitätsrechten zunächst auf die Kurfürsten und später nach und nach auf sämtliche Landesherren über. Dagegen ist das Salzregal von dem Entwicklungsgange des eigentlichen Bergregals insofern abgewichen, als dessen Umbildung zur Bergbaufreiheit nicht überall auch das Salzregal ergriffen hat. Während an Stelle der aus dem Bergregal fließenden Befugnis des Landesherrn, soweit er nicht auf eigene Rechnung Bergbau treiben wollte, nach freiem Ermessen andere Bergbaulustige innerhalb bestimmter Gebiete zum Bergbau zuzulassen, in den meisten deutschen Einzelstaaten allmählich eine Verpflichtung des Landesherrn oder des Staates trat, jedem, der bestimmte, in den Bergordnungen festgestellte Voraussetzungen erfüllt hatte, das Recht zum Bergbau, das Bergwerkseigentum, zu verleihen, blieben Salze grundsätzlich von dieser Bergbaufreiheit ausgeschlossen und dem Landesherrn vorbehalten. Es lag vollständig in dessen Belieben, ob er, was nur ausnahmsweise geschehen ist, eine Spezialverleihung auf Salze erteilen wollte. Dieser Grundsatz war sowohl nach gemeinem deutschen Bergrecht anerkannten Rechtens als auch in zahlreichen Bergordnungen und Gesetzen der Einzelstaaten ausdrücklich ausgesprochen. Im § 71 II 16 des Allgemeinen Landrechts für die Preußischen Staaten sind zwar unter den bergregalen Mineralien, die nach den weiteren landrechtlichen Bestimmungen der Bergbaufreiheit überlassen sein sollten, auch „alle Salzarten mit den Salzquellen vorzüglich Steinsalz" aufgeführt, indessen hatte diese Bestimmung gegenüber den drei revidierten Bergordnungen (Cleve-Märkische, Schlesische und Magdeburg-Halberstädter Bergordnung) nur subsidiäre und infolgedessen geringe praktische Bedeutung, weil diese Bergordnungen für den größten Teil des Staatsgebiets das Gegenteil bestimmten, nämlich daß die ausschließliche Benutzung des Steinsalzes und der Solquellen dem Staate vorbehalten bleiben sollte. Auch in Preußen bestand, abgesehen von den wenigen Landesteilen geringen Umfangs, für die keine Bergordnungen erlassen waren und wo deshalb das Allgemeine Landrecht primär galt, bis 1865 keine Bergbaufreiheit hinsichtlich der Salze und Solquellen.

In einer Reihe deutscher Bundesstaaten (Königreich Sachsen, Sachsen-Weimar-Eisenach, Sachsen-Koburg, Schwarzburg-Sondershausen, Schwarzburg-Rudolstadt, Reuß älterer Linie, Mecklenburg-Schwerin, Mecklenburg-Strelitz, Oldenburg, Lippe, Schaumburg-Lippe, Hamburg, Bremen, Lübeck) hat der vorgeschilderte Rechtszustand in mehr oder weniger reiner Form ununterbrochen bis zur Gegenwart fortbestanden. Wenn diese Staaten in neuerer Zeit trotzdem für angezeigt erachtet haben, Gesetze zu erlassen, die das Regalrecht des Staates auf die Salze ausdrücklich feststellten, so ging die Absicht dabei im wesentlichen nur auf Befestigung und Klärung des schon bestehenden Rechtszustandes, der wegen der Unsicherheit seiner Quellen immerhin zu Streitfragen verschiedener Art Anlaß gegeben hatte oder doch Anlaß geben konnte. Namentlich bestimmte in neuester Zeit die Auffindung oder die Möglichkeit der Auffindung von Kalisalzen die Gesetzgebung einzelner Bundesstaaten, authentisch alle Zweifel darüber zu beseitigen, daß das staatliche Salzregal sich nicht nur auf Steinsalz, sondern auch auf Kalisalze jeder Art erstreckt. Auch schien es vielfach erwünscht, die Schaffung konkreter Gewinnungsrechte aus dem allgemeinen Regalrecht heraus, sowohl für Private als auch für den Staat selbst, nicht mehr ganz dem Ermessen der Verwaltungsorgane zu überlassen, sondern an bestimmte gesetzliche Vorschriften zu binden und in bestimmte Rechtsformen zu kleiden.

Ein interessantes Beispiel dafür, daß das gemeine deutsche Bergrecht für das Salzregal keine Rechtsquelle von unerschütterlicher Kraft bildete, bietet die preußische Provinz Hannover. Obwohl im vormaligen Königreich Hannover unbestritten das gemeine deutsche Bergrecht galt, wonach Salze und Solquellen Gegenstand des Bergregals waren, nahmen mehrfach hannoversche Grundeigentümer Salze und Solquellen als natürliche Pertinenzien des Grund und Bodens für sich in Anspruch. Da die hannoversche Staatsregierung diese Ansprüche in einzelnen Fällen anerkannt hatte, war bei der Einverleibung des Königreichs Hannover in den preußischen Staat der Rechtszustand hinsichtlich der Salze völlig unsicher. Die preußische Gesetzgebung hat diese Unsicherheit durch Art. II der Verordnung vom 8. Mai 1867, betr. Einführung des Allgemeinen Berggesetzes in das Gebiet des vormaligen Königreichs Hannover beseitigt, und zwar, obwohl die Ansprüche der Grundeigentümer bei den hannoverschen Gerichten keine allgemeine Anerkennung gefunden hatten und von der zur Beratung der Einführungsverordnung eingesetzten Kommission nicht befürwortet worden waren, zugunsten der Grundeigentümer. Infolgedessen nimmt Hannover auf dem Gebiete des Salzrechts eine Ausnahmestellung ein, die nach dem Auffinden zahlreicher Kalilager in dieser preußischen Provinz große Bedeutung erlangt und einer Fortentwicklung des Rechts in der durch die wirtschaftlichen Verhältnisse gebotenen Richtung wiederholt Hindernisse bereitet hat.

Abgesehen von der Provinz Hannover und der zurzeit für den Kalisalzbergbau nicht in Betracht kommenden Provinz Westpreußen (nebst einigen angrenzenden pommerschen Kreisen) war in Preußen, im Gegensatz zu den oben genannten Bundesstaaten, das Salzregal mehrere Jahrzehnte lang durch den Grundsatz der Bergbaufreiheit verdrängt, den das Allgemeine Berggesetz vom 24. Juni 1865 hinsichtlich aller wichtigeren Mineralien einschließlich der Salze eingeführt hatte. Danach stand jedem, der einen Fund eines dieser Mineralien nachweisen konnte, unter bestimmten gesetzlichen Voraussetzungen ein im Wege der Mutung geltend zu machender Rechtsanspruch auf Verleihung des Bergwerkseigentums zu. Dem Vorgange Preußens sind alle oben nicht aufgeführten Bundesstaaten gefolgt.

Das hierdurch ermöglichte freie Spiel der wirtschaftlichen Kräfte hat zwar den Kalibergbau, namentlich in Preußen, zu hoher Blüte geführt, aber doch nach verhältnismäßig kurzer Zeit auch Mißstände hervorgerufen, die den Gedanken der Rückkehr zu dem früheren Rechtszustande erwecken mußten. Der freie Wettbewerb, begünstigt durch die Möglichkeit, mit verhältnismäßig geringen Schwierigkeiten und Aufwendungen ein Bergbaurecht auf Kalisalze zu erlangen, führte zu einer unbegrenzten Vermehrung der Kalisalzbergwerke, mit der die Steigerung des Bedarfs an Kalisalzen bei weitem nicht gleichen Schritt hielt. Es entstand also die Gefahr eines Herabgehens der Kalipreise unter die Grenze, deren Unterschreitung dem Auslande gegenüber vom volkswirtschaftlichen Standpunkte aus eine ungenügende Verwertung des Deutschland in seinen Kalisalzlagerstätten zugefallenen Naturmonopols darstellen würde. Sodann gefährdet eine übergroße Zahl von Gewinnungsstellen den sicheren Bestand der Kalisalzlagerstätten, da jeder Schacht und jedes Bohrloch dem schlimmsten Feinde der Salzlagerstätten, dem Wasser, einen neuen Einfallpunkt bietet. In neuerer Zeit entstand endlich noch die Gefahr, daß die Bodenschätze, die das preußische und die diesem nachgebildeten Berggesetze der Allgemeinheit zugedacht hatten, in die Hände weniger Großkapitalisten übergehen könnten. Eine Anzahl im Dienste des Großkapitals stehender Bohrgesellschaften hatte es unternommen, unter Ausnutzung ihrer jedem Wettbewerb überlegenen Bohrtechnik das ganze Land systematisch nach Kalisalzen abzubohren und auf Grund der dadurch mit verhältnismäßig geringen Kosten erlangten Bergwerksverleihungen sich ein Kalisalzmonopol für die Zukunft zu sichern.

Diese Gesichtspunkte waren teils einzeln teils vereinigt, hin und wieder auch in Verbindung mit fiskalischen Rücksichten, für die weitere Gesetzgebung leitend. In Preußen hat 1894 die Regierung dem Landtage den Entwurf eines Gesetzes vorgelegt, wodurch unter Beseitigung der in den meisten Landesteilen geltenden Bergbaufreiheit und unter Aufhebung des Hannoverschen Grundeigentümerrechtes die Kali- und Magnesiasalze dem Staate vorbehalten werden sollten. Der Gesetzentwurf hat jedoch nicht die Zustimmung des Landtags gefunden. Erst mehr als ein Jahrzehnt später, nachdem inzwischen bereits eine übergroße Vermehrung der Kalisalzbergwerke eingetreten war, ist die preußische Gesetzgebung von neuem in gleicher Richtung vorgegangen. Durch die Berggesetznovelle vom 5. Juli 1905 (lex Gamp) wurde eine Mutungssperre hinsichtlich der Salze (und Steinkohlen) eingeführt, die vom 8. Juli 1905 bis 7. Juli 1907 bestanden hat. Das Gesetz hat die beabsichtigte Wirkung nicht vollständig erreicht, weil das Verbot der Annahme von Salzmutungen von weitgehenden Ausnahmen durchbrochen war. Insbesondere ist von der Zulässigkeit des Abbohrens der sogenannten Schlagkreise während der Geltungsdauer des Gesetzes in weitestem Umfange Gebrauch gemacht und dadurch die Zahl der Kaligewinnungsstätten noch kurz vor Toresschluß bedeutend vermehrt worden. Hierzu kam noch, daß sich in Hannover, wo das Recht zur Aufsuchung und Gewinnung der Kalisalze den Grundeigentümern verblieben war, eine überspekulative Gründertätigkeit entwickelte. Erst seit dem 8. Juli 1907 sind auf Grund der Berggesetznovelle vom 19. Juni 1907 in Preußen die noch nicht verliehenen und nicht dem Verfügungsrechte des Grundeigentümers unterliegenden Salze dem Staate vorbehalten. Der gleiche Vorbehalt ist teils früher teils später als in Preußen auch in den meisten anderen Bundesstaaten, in denen die Salze zeitweise bergfrei waren, gesetzlich eingeführt worden (Anhalt 1883, Braunschweig, Sachsen-Meiningen und Sachsen-Gotha 1894, Sachsen-Altenburg 1896, Pyrmont 1899, Bayern 1900, Waldeck 1905, Württemberg 1906, Reuß jüngerer Linie 1907, Hessen 1908). Bergbaufreiheit hinsichtlich der Salze besteht zurzeit nur noch in dem oldenburgischen Fürstentum Birkenfeld und in Elsaß-Lothringen. Letzteres ist, nachdem vorübergehend eine Mutungssperre nach dem Vorbild der preußischen lex Gamp bestanden hatte, zur Bergbaufreiheit zurückgekehrt, trägt indessen den allgemeinen Interessen durch Erhebung verhältnismäßig hoher Abgaben von der Verleihung und vom Betriebe der Salzbergwerke Rechnung.

Der in den einzelnen Bundesstaaten zurzeit geltende Rechtszustand hinsichtlich der Aufsuchung und Gewinnung des Steinsalzes, der mit diesem auf derselben Lagerstätte vorkommenden Kali-, Magnesia- und Borsalze und der Solquellen ist aus Anhang II zu ersehen. Bemerkenswert ist, daß, während die früheren Berggesetze regelmäßig „Steinsalz nebst den mit diesem auf der nämlichen Lagerstätte vorkommenden Salzen" als Gegenstand des Bergbaurechts bezeichneten, in neuerer Zeit die „Kali-, Magnesia- und Borsalze" neben dem Steinsalz ausdrücklich aufgeführt zu werden pflegen. Hieraus folgt, daß das Bergbaurecht sich auf sie auch dann erstreckt, wenn sie wider Erwarten getrennt vom Steinsalze vorkommen sollten.

In den Bundesstaaten, in denen die Salze dem Staate vorbehalten sind, besteht, abgesehen von kleineren Verschiedenheiten, insofern eine Ungleichheit des Rechtszustandes, als nicht überall das Vorbehaltsrecht des Staates diesem ohne weiteres die Befugnis gibt, innerhalb des vorbehaltenen Gebietes Kalibergwerke anzulegen oder durch andere Personen anlegen zu lassen. In einzelnen Bundesstaaten, so in

Preußen, ist vielmehr eine Verleihung des Bergwerkseigentums durch den Staat an den Staat Voraussetzung der Aufnahme des Bergwerksbetriebes. In diesen Staaten hat also das staatliche Vorbehaltsrecht, solange es nicht durch Verleihung in die Form des Bergwerkseigentums übergeführt ist, einen nur negativen, den Zugriff anderer ausschließenden Charakter.

Aus dem Wechsel und der Verschiedenheit der Gesetzesbestimmungen erklärt sich, daß die zurzeit bestehenden Kalibergwerke auf Rechtstiteln sehr verschiedener Art beruhen, teils auf sogenannten Feldesreservationen aus der Zeit des alten Bergregals, teils auf Bergwerksverleihungen aus der Zeit der Bergbaufreiheit, teils auf der Übertragung des Bergbaurechts kraft des staatlichen Vorbehaltsrechts im Wege der Bergwerksverleihung aber des Abschlusses eines sogenannten Verleihungsvertrags, teils auf Abbauverträgen mit Grundeigentümern der preußischen Provinz Hannover. Diese Abbauverträge haben im allgemeinen einen nur obligatorischen Charakter, doch ist durch das preußische Gesetz über die Bestellung von Salzabbaugerechtigkeiten in der Provinz Hannover vom 4. August 1904 (GS. S. 235) die — bisher wenig benutzte — Möglichkeit geschaffen worden, dem Salzgewinnungsrecht eine dingliche Grundlage dadurch zu geben, daß dies Recht unter Beobachtung bestimmter Formen vom Grundstückseigentum abgetrennt und als selbständige Gerechtigkeit für den Grundeigentümer oder einen anderen bestellt wird,

Die Ausübung der Bergpolizei gegenüber dem Kalisalzbergbau regelt sich nach den Landesberggesetzen und den von den zuständigen Landesbehörden erlassenen Bergpolizeiverordnungen. Von großer Bedeutung, auch für die wirtschaftliche Lage der Kalibergwerke, ist der in neuerer Zeit im Interesse einer erhöhten Sicherheit der Bergarbeiter aufgestellte, aber noch nicht allgemein durchgeführte Grundsatz, daß auf jedem Kalibergwerk mindestens zwei fahrbare Ausgänge vorhanden sein müssen (Zweischachtsystem).

III. Absatz von Kalisalzen. Kalisyndikat.

Das mittelalterliche Salzregal schloß in den meisten deutschen Staaten auch ein Salzhandelsmonopol in sich. In Preußen hat ein solches noch einige Jahre über den Zeitpunkt der Bergfreierklärung der Salze hinaus, bis zum 1. Januar 1868 bestanden. Auf den Handel mit Kalisalzen hat indessen dies Monopol nicht mehr eingewirkt.

Für den Absatz von Kalisalzen bestand zunächst unbeschränkte Freiheit, indessen hat bald der eigene, aus wohlberechtigten wirtschaftlichen Erwägungen hervorgegangene Entschluß der Kaliwerksbesitzer dazu geführt, diese Freiheit im Vertragswege einzuschränken. Die Ausschließlichkeit des Kalivorkommens war die gegebene Grundlage für die Bildung einer Verkaufsvereinigung mit dem Ziele der Erhaltung hoher Verkaufspreise durch Ausschluß des Sonderverkaufs und durch Kontingentierung der Produktion. Zuerst erfolgte im Jahre 1876 ein vorübergehender Zusammenschluß der Chlorkaliumfabriken, — Kalisalzbergwerke und Chlorkaliumfabriken waren damals noch nicht, wie das jetzt meist der Fall ist, in einer Hand, — unter der vertragsmäßigen Verpflichtung, nicht unter einem wöchentlich festzusetzenden Mindestpreise zu verkaufen.

Die erste Konvention zwischen Kalibergwerksbesitzern (Preußischer Fiskus, Anhaltischer Fiskus, Neustaßfurt, Douglashall-Westeregeln) wurde durch Vertrag vom $\frac{\text{8. Februar}}{\text{1. und 19. März}}$ 1879 geschlossen. Sie be- betraf nur den Verkauf von Carnallit an Chlorkaliumfabriken und unterwarf folgende Angelegenheiten der gemeinschaftlichen Feststellung:

1. die Bestimmung der Höhe des Gesamtabsatzes,
2. die Bezeichnung der Abnehmer,
3. die Festsetzung der an die einzelnen Abnehmer abzugebenden Mengen,
4. die Regelung der Preise und der Zahlungsbedingungen.

Dieser Konventionsvertrag, dessen Bestimmungen die Grundlage für die weitere Entwicklung des Kalisyndikats gebildet haben, wurde am 21. Oktober 1883 unter Mitbeteiligung des neu entstandenen Kaliwerks Aschersleben und unter Vorbehalt der Mitbeteiligung des damals noch nicht in Betrieb gesetzten Kaliwerks Ludwig II. erneuert. Neben dem Carnallitvertrage vom 21. Oktober 1883 bestanden ein Vertrag zwischen den im Privatbesitz befindlichen Chlorkaliumfabriken über die Syndizierung des Chlorkaliums und seit dem 1. April 1879 ein Vertrag zwischen dem Preußischen, dem Anhaltischen Fiskus und der Gewerkschaft Neustaßfurt über den Absatz von Kainit. Nach diesem Kainitvertrage, dem später auch Aschersleben hinzutrat, unterlag nur der Auslandspreis des Kainits der gemeinsamen Festsetzung, während der Inlandabsatz mit gewissen Einschränkungen frei war.

Die Freilassung des Absatzes von Kainit im Inlande, besonders an inländische Fabriken hatte zur Folge, daß auf dem nordamerikanischen Markt ein starker Wettbewerb zwischen dem syndizierten Chlorkalium und den nicht syndizierten Kainitpräparaten entstand. Dieser Umstand führte bei den Verhandlungen über die Erneuerung der Verträge im Jahre 1888 zu dem Entschluß, den gesamten Absatz aller in Betracht kommenden Produkte in die Syndizierung einzuschließen. Es gelang indessen damals noch nicht, das Syndikatsverhältnis durch einen einheitlichen Vertrag zu regeln, vielmehr wurden sieben verschiedene Verträge abgeschlossen, von denen zwei den Absatz von Carnallit und anderen Rohsalzen an die zu den Kalibergwerken gehörigen Fabriken, zwei den sonstigen Absatz von Carnallit und anderen Rohsalzen und drei den Absatz von Chlorkalium, Kalisulfaten und Kieserit betrafen. Die von dem früheren Chlorkaliumsyndikat geschaffene Verkaufsstelle wurde unter dem Namen „Verkaufssyndikat der Kaliwerke" übernommen. Sie erhielt ihren Sitz in Leopoldshall in Anhalt und bildete seitdem die Zentralstelle des Kalisyndikats.

Nach Ablauf der sieben Verträge von 1888 wurden sie im Jahre 1898 durch einen einheitlichen, sonst im wesentlichen auf gleichen Grundlagen ruhenden Vertrag von dreijähriger Dauer ersetzt, der 1901 abermals auf drei Jahre erneuert wurde. Die nächste Syndikatserneuerung von 1904, die sich auf fünf Jahre, bis Ende 1909 erstreckt, ist in rechtlicher Hinsicht insofern bemerkenswert, als das Syndikat die Rechtsform einer Gesellschaft mit beschränkter Haftung annahm. Die Zahl der Syndikatsmitglieder hat sich im Laufe der Jahre durch den fortgesetzten Hinzutritt neuer Werke stark vermehrt (1888: 10, 1898: 12, 1904: 28, bei Erlaß des Kaligesetzes: 68).

Als Besonderheiten, die beim Kalisyndikat während der ganzen Dauer seines Bestehens mehr oder weniger stark hervortraten, sind folgende hervorzuheben:

1. Der Umstand, daß zwei im fiskalischen Besitz, nämlich Preußens und Anhalts, stehende Werke den Grundstock des Syndikats bildeten und auch später trotz der Vergrößerung der Zahl der Mitglieder des Syndikats in diesem ein gewisses Übergewicht behaupteten, gewährte Sicherheit dafür, daß die Geschäftspolitik des Syndikats sich in Bahnen be-

wegte, die den allgemeinen volkswirtschaftlichen Interessen parallel liefen. Insbesondere ist auf den fiskalischen Einfluß die maßvolle Preishaltung zurückzuführen, die das Kalisyndikat gegenüber der heimischen Landwirtschaft beobachtet hat. Die Auslandpreise des Kalisyndikats waren regelmäßig erheblich höher als die Inlandpreise, eine bei Syndikaten nicht gewöhnliche Erscheinung, deren Bedeutung für die nationalen Interessen nicht zu verkennen ist.

2. Eine hervorragende Rolle in der Syndikatstätigkeit spielten die Bemühungen zur Verbreitung der Kenntnis vom Werte und von der Nutzanwendung der Kalisalze in der Landwirtschaft, die allmählich durch das sogenannte Propagandabureau zu einem kunstgerechten System ausgebildet wurden. Die sehr beträchtlichen Aufwendungen, die vom Kalisyndikat für diesen Zweck gemacht worden sind, rechtfertigten sich dadurch, daß die andauernde Steigerung der Produktion auf eine entsprechende Steigerung des Absatzes hindrängte, die nur durch Aufklärung weitester Kreise über den Düngungswert der Kalisalze, durch eine solche aber in fast unbegrenztem Maße zu erreichen ist.

3. Bestimmend für die Entwicklung des Kalisyndikats in letzter Zeit war die Tatsache, daß der Umfang des Absatzes nicht mehr der Zahl der Produktionsstätten entsprach. Hieraus ergab sich die Einschränkung des Betriebes der syndizierten Kali-

werke auf einen Bruchteil ihrer Leistungsfähigkeit und damit eine erhebliche Erhöhung der Gestehungskosten, andrerseits aber auch ein gewisser Zwang zur Aufnahme neu entstehender Werke, da diesen als „Außenseitern" zum Nachteil des Syndikats die vollständige Ausnutzung ihrer Leistungsfähigkeit möglich gewesen wäre. Die Aufnahme eines neuen Werkes wurde daher regelmäßig durch einen erbitterten Kampf über die Höhe der Beteiligungsziffer eingeleitet. Bei Erneuerung des Syndikats waren jedesmal alle Syndikatsmitglieder mehr oder weniger an diesem Kampf um die „Quote" beteiligt.

IV. Entstehungsgeschichte des Kaligesetzes.

Mit dem 30. Juni 1909 war der Termin abgelaufen, bis zu dem die Mitglieder des Kalisyndikats von 1904 vertraglich verpflichtet gewesen waren, keine Verhandlungen über Verkäufe für die Zeit nach dem 31. Dezember 1909 zu führen. Eine Einigung über die Bildung eines neuen Syndikats für die Zeit vom 1. Januar 1910 ab war aber trotz eifrigster Bemühungen am 30. Juni 1909 nachts 12 Uhr noch nicht erzielt. Die mit diesem Zeitpunkt eingetretene Vertragsfreiheit benutzten mehrere Werke, um selbständige Verkäufe nach den Vereinigten Staaten von Amerika abzuschließen. Die Lieferungsverträge der Kaliwerke Sollstedt und Aschersleben, an denen amerikanisches Kapital stark beteiligt ist (die sogenannten Schmidtmann-Verträge), gewährten den amerikanischen Abnehmern Preise, die die Hälfte der bisherigen Syndikatspreise wenig überstiegen und betrafen Kalisalzmengen, die fast den gesamten Bedarf der Vereinigten Staaten von Nordamerika auf sieben Jahre hinaus deckten. Weniger kamen daneben Verträge einiger anderer Werke über kleinere Mengen in Betracht.

Trotz des Abschlusses dieser Sonderverkäufe wurden die Verhandlungen über Erneuerung des Syndikats fortgesetzt. Sie hatten schließlich das Ergebnis, daß das „Neue Kalisyndikat G. m. b. H." zustande kam, indessen blieb dies ein „Rumpfsyndikat", da es trotz eifriger und langwieriger Verhandlungen nicht gelang, die Werke Aschersleben, Sollstedt und Einigkeit in das Syndikat einzugliedern. Auch war der Bestand des Syndikats durch die Zulässigkeit der jederzeitigen Kündigung mit sechs Wochen Frist stark gefährdet.

Hiernach war mit dem früheren oder späteren Zerfall des Syndikats zu rechnen, wodurch auf dem Gebiete der Kaliindustrie ein ungezügelter Wettbewerb entfesselt worden wäre. Ein solcher „Kampf aller gegen alle" hätte zu einem Preissturz geführt, der einerseits die Vernichtung bedeutender inländischer Vermögenswerte, andererseits eine Verschleuderung der Kalisalze nach dem Auslande zur notwendigen Folge gehabt, auch durch das Sinken des Wertes der Kaliwerke dem Eindringen ausländischen Kapitals in den deutschen Kalibergbau starken Vorschub geleistet hätte. In erster Linie die drohende Gefahr der Verschleuderung der — ein Naturmonopol Deutschlands bildenden — Kalisalze nach dem Auslande, — schon die von den Kaliwerken Sollstedt und Aschersleben getätigten Lieferungsverträge verschlechterten die jährliche Zahlungsbilanz des Deutschen Reiches gegenüber den Vereinigten Staaten von Nordamerika um etwa 15 Millionen Mark — hat zu einem Eingreifen der Reichsgesetzgebung geführt.

Schon in der Reichstagssitzung vom 7. Juli 1909 (StenBer. S. 9181) hat der damalige preußische Minister für Handel und Gewerbe die Frage der gesetzlichen Regelung erörtert und als seine Ansicht ausgesprochen, daß ein Kaliausfuhrzoll, der in einer syndikatlosen Zeit den Preisvorteil des Auslandes ausgleiche, als eine geeignete Maßregel ins Auge zu fassen sei. Durch diese Erklärung waren die Beteiligten auf einen Eingriff der Gesetzgebung vorbereitet. Trotzdem wurden die oben erwähnten, in der Nacht vom 30. Juni zum 1. Juli 1909 — wie es scheint, zunächst in Form unverbindlicher Vorabmachungen — geschlossenen sogenannten Schmidtmann-Verträge im August 1909 von den zur Vertretung der Vertragschließenden befugten Organen bestätigt und dadurch rechtsverbindlich gemacht. Sie gewährten amerikanischen Düngertrusts teils ein Bezugsrecht auf sieben Jahre, teils ein solches auf zwei Jahre in Verbindung mit einem Optionsrecht auf weitere fünf Jahre.

Der Gedanke eines Kaliausfuhrzolls, dessen Einführung mit starken zolltechnischen Schwierigkeiten verbunden gewesen wäre und namentlich die Gefahr einer Störung der handelspolitischen Beziehungen des deutschen Reiches herbeigeführt hätte (vgl. die Erklärung des preußischen Handelsministers in der Reichstagssitzung vom 14. Februar 1910 StenBer. S. 1233 B), ist später fallen gelassen worden.

Im Dezember 1909 legte die preußische Staatsregierung dem Bundesrate den Entwurf eines Gesetzes über den Absatz von Kalisalzen vor, der das Ziel der Verhütung einer Verschleuderung von Kalisalzen nach dem Ausland auf einem anderen Wege erreichen, zugleich aber auch einer weiteren ungesunden Vermehrung der Kaliwerke entgegenwirken wollte. Die Grundlinien dieses Gesetzentwurfs, der auf die Dauer von 20 Jahren Geltung erlangen sollte, waren folgende.

Kalisalze dürfen von Kaliwerksbesitzern nur durch Vermittelung einer Vertriebsgemeinschaft abgesetzt werden, die durch Vereinigung von Kaliwerksbesitzern gebildet wird. An dem Gesamtabsatz der Vertriebsgemeinschaft nehmen die einzelnen Mitglieder in einem Verhältnis teil, das nach bestimmten Grundsätzen im Wege eines Einschätzungsverfahrens ermittelt wird (Beteiligungsziffern). Die Vertriebsgemeinschaft untersteht nach gewissen Richtungen der Aufsicht des Reiches. Insbesondere bedarf die Festsetzung der Verkaufspreise für das Inland der Genehmigung durch den Bundesrat, während die Verkaufspreise für das Ausland (außer mit besonderer Genehmigung des Bundesrats) nicht niedriger sein dürfen als die Inlandpreise.

Der Vertriebsgemeinschaft können nur beitreten die Besitzer der bereits Kalisalze absetzenden und solcher Kaliwerke, auf denen vor dem 1. November 1909 mit Schachtabteufen begonnen worden ist. Andere Kaliabbauberechtigte erlangen das Beitrittsrecht nur, wenn es ihnen von der Vertriebsgemeinschaft zugestanden wird, was unter gewissen Bedingungen zulässig ist.

Für den Nachteil, der den hiernach von der Vertriebsgemeinschaft ausgeschlossenen Kaliabbauberechtigten entsteht, werden diese entschädigt. Die Entschädigung besteht in Gewährung der Beteiligungsziffer, die dem Kaliabbauberechtigten nach Lage der Verhältnisse seines Kalisalzlagers zustehen würde, wenn dies bereits durch eine Schachtanlage aufgeschlossen wäre. Die gewährte Beteiligungsziffer kann indessen nicht durch Beteiligung am Absatz, sondern nur dadurch verwertet werden, daß von der ermittelten Beteiligungsziffer ein bestimmter Prozentsatz an die Mitglieder der Vertriebsgemeinschaft gegen Entgelt übertragen wird. Der übertragbare Prozentsatz steigt mit dem durchschnittlichen Absatz der einzelnen Gemeinschaftswerke. Entschädigungsberechtigte können aber auch binnen Jahresfrist nach Festsetzung der Entschädigung verlangen, daß die Vertriebsgemeinschaft zu einem nach festen Regeln zu bestimmenden Preise das Abbaurecht erwirbt. Den Pflichten gegenüber dem Entschädigungsberechtigten kann sich die Vertriebsgemeinschaft dadurch entziehen, daß sie ihm den Beitritt als Mitglied gestattet.

Entschädigung wird auch den Mitgliedern der Vertriebsgemeinschaft, deren Abbaurecht sich über eine Fläche von mehr als 12 Quadratkilometern für je ein selbständiges Kaliwerk erstreckt, dafür gewährt, daß sie nach Lage der Gesetzesbestimmungen ihren Feldesbesitz auszunutzen nicht in der Lage sind. Sie erhalten entsprechende Zuschläge zu ihren Beteiligungsziffern (Zusatzbeteiligungen).

Die Entscheidung von Streitigkeiten über die Bemessung der Beteiligungsziffern, Zusatzbeteiligungen und Entschädigungen wird einer unter Wahrung der Unparteilichkeit zusammengesetzten Berufungskommission übertragen.

Verträge über Lieferung von Kalisalzen, die nach Veröffentlichung des Gesetzentwurfs abgeschlossen sind, ist die Vertriebsgemeinschaft zu erfüllen nicht verpflichtet, vor der Veröffentlichung abgeschlossenen Verträge nur, soweit sie bis zum 31. Dezember 1911 zu erfüllen sind.

Mit Rücksicht auf die an den Termin der Veröffentlichung des Entwurfs geknüpften Rechtsfolgen ist dieser, schon bevor der Bundesrat darüber Beschluß gefaßt hatte, am 17. Dezember 1909 im

Deutschen Reichs- und Preußischen Staatsanzeiger veröffentlicht worden.

Gegen den Entwurf sind in der Öffentlichkeit starke Einwendungen erhoben worden, die sich einerseits gegen die Schaffung eines Verkaufsmonopols zugunsten eines Zwangssyndikats, andererseits gegen den beabsichtigten Eingriff in die Rechte der Kaliabbauberechtigten und in bestehende Lieferungsverträge richteten. Der grundsätzliche Ausschluß neuer Kaliwerke von der Beteilung am Kaliabsatz stieß auf Widerstand, namentlich in den Bundesstaaten, in denen zurzeit Kalisalze noch nicht aufgeschlossen sind, sowie in der preußischen Provinz Hannover, wo infolge der Verbindung des Rechts zur Gewinnung von Kalisalzen mit dem Grundeigentum auch die Interessen der Grundeigentümer betroffen wurden. Gegen die vorgesehene Art der Entschädigung wurde geltend gemacht, daß für einen gegenwärtigen Schaden erst in weiter Zukunft ein unsicherer und nicht ausreichender Ersatz gewährt werden solle.

Im Bundesrat hat der preußische Entwurf eine Umgestaltung erfahren, durch die den vorbezeichneten Einwendungen im wesentlichen der Boden entzogen worden ist. Der vom Bundesrat beschlossene, unter dem 3. Februar 1910 dem Reichstag vorgelegte Entwurf (Nr. 219 der Drucks. des RT.) — in folgendem meist kurz als Regierungsentwurf oder „Entw." bezeichnet — hielt zwar an dem Grundsatz der

Schaffung eines Verkaufsmonopols zugunsten einer Vertriebsgemeinschaft fest und folgte hinsichtlich der Begründung und Verfassung dieser Vertriebsgemeinschaft, hinsichtlich der Grundsätze über den Absatz und die Verkaufspreise, sowie hinsichtlich der Einsetzung einer Berufungskommission im wesentlichen dem preußischen Entwurfe, indessen wollte er (§ 7) das Recht des Beitritts zur Vertriebsgemeinschaft jedem Besitzer eines Kaliwerks gewähren, in dem Kalisalze durch einen Schacht aufgeschlossen sind. Durch die Zulassung aller neuen Kaliwerke zur Vertriebsgemeinschaft und zur Beteiligung am Absatz wurde die Regelung der Entschädigungsfrage überflüssig, andererseits allerdings von den beiden Zielen des preußischen Entwurfs — der Verhütung der Verschleuderung von Kalisalzen nach dem Ausland und der Einschränkung des Entstehens neuer Produktionsstätten — das zweite aufgegeben.

Was die bestehenden Lieferungsverträge anlangt, so wollte der Bundesratsentwurf der Vertriebsgemeinschaft die Verpflichtung auferlegen, ihren Mitgliedern die unmittelbare Erfüllung der vor dem 17. Dezember 1909 geschlossenen Lieferungsverträge zu gestatten. Jedoch sollte, soweit die gelieferte Kalisalzmenge über die Beteiligungsziffer des Mitgliedes hinausging, von diesem an die Vertriebsgemeinschaft eine nach der Höhe der Mehrlieferung gestaffelte Vergütung entrichtet werden (§ 33).

Der Gesetzentwurf wurde vom Reichstag in erster Lesung am 14. und 15. Februar 1910 beraten (StenBer. S. 1211 ff.) und einer Kommission von 28 Mitgliedern überwiesen. Die Mehrheit dieser Kommission stellte sich auf den Standpunkt, daß ein gesetzliches Einschreiten zur Verhütung einer Beeinträchtigung der Monopolstellung Deutschlands auf dem Weltkalimarkte durch ausländische Unternehmer geboten sei. Nur von einer geringen Minderheit wurde dem widersprochen und geltend gemacht, daß ein wirtschaftlicher Kampf auf dem Gebiete der Kaliindustrie nicht allgemeine Interessen schädigen, vielmehr gerade durch Ausschaltung ungesunder Gründungen zu einer Erhöhung des Absatzanteils der soliden Werke, infolgedessen zu einer wirtschaftlicheren Betriebsweise und demnach zur Gesundung der Kaliindustrie führen würde.

Hinsichtlich der Frage, welche Mittel zur Befestigung der Monopolstellung Deutschlands tauglich seien, gingen die Meinungen auseinander. Die Vorschläge zur Einführung eines Kaliausfuhrzolls, zur Verstaatlichung des Kalisalzbergbaus durch das Reich und zur Einführung eines Reichs-Kalihandelsmonopols fanden bei der Mehrheit keinen Anklang. Aber auch der Grundgedanke des Regierungsentwurfs, die Schaffung eines Zwangssyndikats (Vertriebsgemeinschaft) fand Widerspruch. Ein in Form eines abgeänderten Gesetzentwurfs gestellter Antrag, die Vertriebsgemeinschaft auf den Auslandabsatz zu beschränken, wurde, nachdem seitens der verbündeten Regierungen starke Bedenken dagegen geltend gemacht worden waren, wieder zurückgezogen. Im weiteren Verlauf der Verhandlungen kam es schließlich zu einer Einigung zwischen den Vertretern der verbündeten Regierungen und der Mehrheitsparteien auf der Grundlage einer Kontingentierung des Inland- und Auslandabsatzes ohne Schaffung eines Zwangssyndikats. Ein Antrag in Form eines unter diesem Gesichtspunkte aufgestellten Gesetzentwurfs wurde den weiteren Beratungen zugrunde gelegt und fand, nachdem er noch in vielen Punkten Abänderungen erfahren hatte, die Zustimmung der Mehrheit der Kommission (Kommissionsbericht Nr. 475 der Druckf.). Der Reichstag hat den Gesetzentwurf in der durch die Beschlüsse der Kommission festgestellten Fassung mit einigen weiteren Abänderungen am 10. Mai 1910 in zweiter und dritter Beratung mit großer Mehrheit angenommen. Nachdem der Bundesrat dem Entwurf am 11. Mai 1910 seine Zustimmung gegeben hatte, ist das Gesetz am 25. Mai 1910 vom Kaiser vollzogen und in der am 28. Mai 1910 ausgegebenen Nr. 27 des Reichs-Gesetzblatts verkündet worden.

Die Neuheit und Schwierigkeit des Stoffes sowie die Notwendigkeit einer starken Beschleunigung der gesetzgeberischen Verhandlungen haben dazu geführt, daß das Kaligesetz in seiner endgültigen Fassung nicht frei von Ungenauigkeiten und redaktionellen Mängeln ist, auch manche Lücken aufweist. Das ist auch von der Mehrheit des Reichstags nicht verkannt, indessen die Ausfüllung der Lücken von der Ausübung der dem Bundesrat in weitem Umfang übertragenen Ausführungsbefugnisse erwartet worden (vgl. z. B. StenBer. S. 2990 C).

Der Bundesrat hat im Juli 1910 Ausführungsbestimmungen zum Kaligesetz erlassen (Anhang I), die zunächst die dringendsten und wichtigsten Punkte regeln und voraussichtlich später noch Ergänzungen finden werden.

Für die Auslegung des Kaligesetzes kommt die Begründung des Regierungsentwurfs, da nur einige von dessen Bestimmungen in das Gesetz übergegangen sind, wenig in Betracht. Von Bedeutung für die Auslegung sind vorzugsweise der Kommissionsbericht und der Stenographische Bericht über die zweite Beratung des Entwurfs im Reichstage (S. 2981 ff.). Die Stellen der Materialien, welche die einzelnen Gesetzesparagraphen betreffen, sind bei diesen in der vorliegenden Ausgabe des Gesetzes angeführt.

V. Grundzüge des Kaligesetzes.

1. Kontingentierung.

Das Mittel, durch das die schädlichen Folgen eines schrankenlosen Wettbewerbes verhütet werden sollen, ist die Kontingentierung des Kaliabsatzes.

Jedem Kaliwerksbesitzer wird ein bestimmter Anteil an dem gesamten Kaliabsatz mit der Maßgabe zugewiesen, daß bei Überschreitung des Anteils für die überschießende Absatzmenge eine Abgabe an das Reich zu entrichten ist (§§ 7 ff., 26). Die Abgabe ist nach den verschiedenen Kalisalzsorten gestaffelt und so bemessen, daß sie einerseits nicht geradezu prohibitiv wirkt, andererseits nicht einen Anreiz zu einer Kontingentsüberschreitung bildet (KB. S. 81).

Das Kontingent des einzelnen Kaliwerksbesitzers bestimmt sich nach dem Gesamtkontingent und der Beteiligungsziffer.

Das Gesamtkontingent wird für jedes Kalenderjahr entsprechend dem voraussichtlichen Gesamtbedarf der Verbraucher von der Verteilungsstelle (vgl. unter 9) festgesetzt und zugleich bestimmt, welcher Teil der Gesamtmenge des Absatzes auf das Inland und auf das Ausland entfällt und welche Mengen in den einzelnen Sorten zu liefern sind. Die festgesetzten Mengen können nachträglich erhöht werden (§ 7).

Das Anteilverhältnis des einzelnen Kaliwerkes an dem Absatz (die Beteiligungsziffer) richtet sich bis zum 31. Dezember 1911 nach der dem Gesetz beigefügten, im wesentlichen den Beteiligungen an dem bisherigen Kalisyndikat entsprechenden Beteiligungstabelle. Für die Folgezeit werden die Beteiligungsziffern von fünf zu fünf Jahren von der Verteilungsstelle neu festgesetzt (§§ 8 Abs. 1, 9 Abs. 3, 17 Abs. 1). Der Festsetzung der endgültigen geht bei Kaliwerken, die erst nach Verkündung des Gesetzes lieferungsfähig werden, regelmäßig die Festsetzung einer vorläufigen Beteiligungsziffer voraus (§ 12).

Die Beteiligungsziffer gilt nicht nur für den Gesamtabsatz, sondern auch für den Inland- und Auslandabsatz und für den Absatz in den verschiedenen Kalisalzsorten (§ 8 Abs. 2). Die Überschreitung des Anteils am Auslandabsatz kann daher nicht durch Unterschreitung des Anteils am Inlandabsatz, die Überschreitung des Anteils am Inlandabsatz nicht durch Unterschreitung des Anteils am Auslandabsatz, die Überschreitung des Anteils am Absatz in einer Salzsorte nicht durch Unterschreitung des Anteils am Absatz in einer anderen Salzsorte ausgeglichen werden. Indessen können aus Billigkeitsrücksichten Über- und Unterschreitungen der jährlichen Absatzmengen um höchstens zehn vom Hundert im nächsten Kalenderjahr ihren Ausgleich finden (§ 8 Abs. 3 und 4). Im übrigen besteht keine Verpflichtung zum Absatz einer der Beteiligungsziffer entsprechenden Menge. Nur verringert sich, wenn innerhalb eines Kalenderjahres der Inlandabsatz hinter der Beteiligung zurückbleibt, der Anteil am Auslandabsatz in gleichem Verhältnis (§ 8 Abs. 6).

Die Beteiligungsziffer ist mit dem Kaliwerke, für das sie festgesetzt ist, nicht untrennbar verbunden, sie darf vielmehr mit gewissen Einschränkungen von dem Kaliwerksbesitzer auf andere Werke übertragen werden. Auch dürfen Kaliwerke ihre Absatzanteile an den einzelnen Salzsorten untereinander austauschen (§ 19). Trotzdem können Kaliwerke, die infolge der Beschaffenheit ihrer Lagerstätten einzelne

Salzsorten gar nicht zu liefern vermögen, in eine Zwangslage geraten, da nicht sicher ist, daß sich ein zum Austausch bereites anderes Kaliwerk findet. Im Hinblick hierauf trifft das Gesetz im § 8 Absatz 5 die Ausnahmevorschrift, daß solchen Kaliwerken von der Verteilungsstelle eine angemessene Beteiligung in anderen Kalisalzsorten von der Verteilungsstelle zum Ausgleich zu gewähren ist.

Für die Bemessung der Höhe der Beteiligungsziffern stellt das Gesetz (§ 9 Abs. 2) den allgemeinen Grundsatz auf, daß die Ausdehnung und Beschaffenheit der durch Grubenbaue und Bohrungen erschlossenen Kalisalzlager sowie die Leistungsfähigkeit der Betriebseinrichtungen maßgebend sein sollen. Die Aufstellung näherer Regeln ist dem Bundesrat übertragen (§ 51 Abs. 1).

Da die Beteiligungsziffern für die einzelnen Kaliwerke festgesetzt werden, so fallen einem Kaliwerksbesitzer, der mehrere Kaliwerke besitzt, auch mehrere Beteiligungsziffern zu. Ob eine mit mehreren Förderschächten versehene Bergwerksanlage als ein einheitliches Kaliwerk, oder ob jede Förderschachtanlage, die eine gewisse betriebliche Selbständigkeit besitzt, auch als ein besonderes Kaliwerk zu gelten hat, hängt im allgemeinen von der Entschließung der Kaliwerksbesitzer ab. Jedoch ist die Teilung eines Kaliwerks in mehrere davon abhängig, daß die Teilwerke bestimmten Voraussetzungen hinsichtlich ihrer Leistungsfähigkeit genügen (§ 10, vgl. auch die Übergangsbestimmung in § 48). Auch wird der Anreiz zur Teilung dadurch vermindert, daß für einen zweiten mit dem Hauptschacht durchschlägigen förderfähigen Schacht ein Zuschlag zu der Beteiligungsziffer des Kaliwerks gewährt wird (§ 11).

Die Beteiligungsziffern gelten, abgesehen von den Fällen, daß ein Kaliwerk dauernd lieferungsunfähig wird oder daß ein Teil des Abbaufeldes abgetrennt wird (§ 17 Abs. 2 und 3, vgl. auch die Übergangsbestimmungen §§ 47, 48), für die ganze Festsetzungsperiode. Eine Kürzung kann aus Gründen eintreten, die in den Arbeiterverhältnissen des Kaliwerks liegen (§§ 13 bis 16). Aus der relativen Bedeutung der Beteiligungsziffern ergibt sich ferner, daß jede Neufestsetzung oder Änderung der Beteiligungsziffer für ein Kaliwerk auf die Höhe der Beteiligungsziffern aller anderen Werke gleichmäßig einwirkt. In jedem solchen Falle wird daher eine Umrechnung aller Beteiligungsziffern erforderlich (§ 18).

2. Schutz der inländischen Abnehmer.

Die Kontingentierung des Absatzes bewirkt eine verhältnismäßige Höhe der Gestehungskosten der einzelnen Kaliwerke und schafft dadurch den Anreiz zur Erhöhung der Verkaufspreise, ohne daß die Einhaltung einer den Interessen der Abnehmer entsprechenden Preisgrenze durch den freien Wettbewerb der liefernden Werke gesichert wäre.

Hieraus erklärt es sich, daß das Gesetz (IV. Abschnitt) besondere Bestimmungen zum Schutze der Interessen der inländischen Verbraucher trifft, die gleichmäßig zugunsten der deutschen Landwirtschaft wie zugunsten der inländischen auf die Verarbeitung von Kali angewiesenen Industrie gelten.

Der Schutz wird in der Hauptsache dadurch gewährt, daß gesetzliche Höchstpreise für den Inlandabsatz der Kaliwerksbesitzer festgestellt sind, deren Überschreitung der gerichtlichen Bestrafung unterliegt (§§ 20, 36). Die Höchstpreissätze der wichtigsten Salzsorten bleiben durchschnittlich um etwa 10 v. H. hinter den bisherigen Verkaufspreisen zurück. Die gesetzlichen Höchstpreise gelten jedoch nur bis zum 31. Dezember 1913. Für die Folgezeit werden sie von fünf zu fünf Jahren nach Anhörung von Vertretern der Kaliwerksbesitzer und der Verbraucher durch den Bundesrat festgesetzt. Eine Erhöhung bedarf der Zustimmung des Reichstags (§ 20 Abs. 3). Die Höchstpreise mindern sich noch dadurch, daß nach Bestimmung des Bundesrats den Abnehmern größerer Mengen, ferner für Barzahlung, für Prüfung der Probemäßigkeit der gelieferten Waren und für Mitwirkung bei der Förderung des Kaliabsatzes Abzüge zu gewähren sind (§ 21).

Die Höchstpreise gelten ab Werk (§ 20 Abs. 1). Die Fracht hat daher der Empfänger zu tragen. Es war ein feststehender Verkaufsgrundsatz des Kalisyndikats, die Frachten nicht mit den tatsächlich verauslagten Beträgen, sondern unter Zugrundelegung einer von zwei fiktiven Ausgangsstationen (Staßfurt oder Vienenburg) den Empfängern in Rechnung zu stellen. Diesen Grundsatz übernimmt das Gesetz mit der Maßgabe, daß an Stelle der zwei mindestens drei Ausgangsstationen — als dritte ist unter Berücksichtigung der Interessen der süddeutschen Verbraucher in den Ausführungsbestimmungen des Bundesrats Salzungen bestimmt — treten sollen. Außerdem soll dem Interesse der vom Kalibergbau weit abliegenden Verbrauchsorte dadurch Rechnung getragen werden, daß für Empfangsorte, die mehr als 500 Kilometer von der Ausgangsstation entfernt sind, eine Frachtvergütung stattfindet. Die näheren Bestimmungen über den Frachtenausgleich und die Frachtvergütung sind dem Bundesrat vorbehalten, der Ausgleich selbst erfolgt durch die Verteilungsstelle (§ 22).

Ferner sind aus Anlaß von Klagen darüber, daß die Lieferungen des Kalisyndikats nicht immer den vertragsmäßigen Kaligehalt gehabt hätten, Bestimmungen zur Sicherung gegen Untergehalt getroffen, deren nähere Ausführung ebenfalls dem Bundesrat überlassen ist (§ 23).

Eine Bevorzugung des Auslands zum Schaden der inländischen Landwirtschaft und Industrie ist dadurch ausgeschlossen, daß die für den Inlandabsatz festgestellten Höchstpreise, sofern nicht der Bundesrat Ausnahmen zuläßt, zugleich Mindestpreise für den Auslandabsatz sind (§ 24).

Die vollständige Befriedigung des Inlandbedarfs trotz höherer Auslandpreise ist dadurch gesichert, daß nach § 8 Abs. 6 sich der Anteil am Auslandabsatz in dem gleichen Verhältnis verringert, in dem der Kaliwerksbesitzer mit dem Inlandabsatz innerhalb des Kalenderjahres hinter seiner Beteiligung zurückbleibt.

Auf den Weiterverkauf von Kalisalzen durch Händler finden die Bestimmungen zum Schutze der Abnehmer keine Anwendung.

3. Schutz gegen das Ausland.

Die Kontingentierung des Absatzes verhindert, daß ein einzelnes Werk den Auslandabsatz in größerem Umfange an sich zieht und infolge der mit der Mehrproduktion verbundenen Verringerung der Gestehungskosten dem Auslande unverhältnismäßig niedrige Preise zu stellen in der Lage ist. Die Deckung des gesamten oder eines großen Teiles des Kalibedarfs des Auslands durch ein Kaliwerk oder wenige Kaliwerke ist ausgeschlossen und damit für das ausländische Kapital der Anreiz zum Erwerb von Kaliwerken beseitigt oder doch stark vermindert.

Abgesehen von diesen mittelbaren Wirkungen verhütet das Gesetz die Verschleuderung von Kalisalzen nach dem Ausland durch Festsetzung von Mindestpreisen für Lieferungen nach dem Ausland. Die Höchstpreise für das Inland sind, soweit nicht der Bundesrat Ausnahmen zuläßt, zugleich Mindestpreise für das Ausland (§ 24). Die Wirksamkeit dieser Bestimmung ist dadurch gesichert, daß der Absatz nach dem Auslande den Kaliwerksbesitzern vorbehalten ist (§ 4).

Ausland im Sinne des Kaligesetzes sind auch die deutschen Schutzgebiete. Indessen sind diese dadurch bevorzugt, daß der Bundesrat die für die Inlandspreise geltenden Vorschriften auf die Lieferungen nach den deutschen Schutzgebieten für anwendbar erklären kann (§ 28).

Auf die im Juli/August 1909 von einzelnen Kaliwerken mit amerikanischen Düngertrusts abgeschlossenen langfristigen Lieferungsverträge findet die Bestimmung über die Mindesthöhe der Auslandspreise keine Anwendung (§ 45). Dagegen unterliegen die Lieferungen aus diesen Verträgen der Überkontingentsabgabe, soweit die nach dem 1. Mai 1910 gelieferten Mengen die Kontingente der beteiligten Werke überschreiten (§ 7 Abs. 3). Hierdurch wird, wenn nach den Vertragsbestimmungen die Abgabe von den ausländischen Abnehmern zu tragen ist, was sehr wahrscheinlich der Fall ist, der Zweck des Gesetzes insofern erreicht, als der unverhältnismäßige Preisvorteil, den das Ausland aus den Verträgen gehabt hätte, fortfällt. Der Bestand der Verträge wird durch Einführung einer Abgabe, die im übrigen gleichmäßig vom Inland- wie vom Auslandabsatz erhoben wird, nicht beeinträchtigt. Außerdem ist, um ungerechtfertigte Schädigungen der ausländischen Abnehmer zu verhüten, dem Bundesrat die Ermächtigung erteilt, die Überkontingentabgabe für Lieferungen auf Grund vor dem 17. Dezember 1909 abgeschlossener Verträge so weit zu ermäßigen, daß die Preise einschließlich der Abgabe nicht höher werden, als die bis zum 30. Juni 1909 in Geltung gewesenen Preise (§ 46).

4. Erschwerung der Gründung neuer Kaliwerke.

Die Verhinderung einer unwirtschaftlichen Vermehrung der Produktionsstätten war ein Hauptziel des preußischen Entwurfs. Nachdem in dem Bundesratsentwurf dieser Gedanke fallen gelassen worden war, kehrt er in dem Gesetz wieder, wird jedoch nur in eingeschränktem Maße dadurch verwirklicht, daß neue d. h. nach Verkündung des Gesetzes lieferungsfähig werdende Kaliwerke nicht sofort nach Eintritt ihrer Lieferungsfähigkeit die volle, nach den allgemeinen Grundsätzen bemessene, vielmehr für die ersten Jahre eine niedrigere Beteiligung erhalten.

Bis zur genügenden Klärung der Lagerungs- und Betriebsverhältnisse, jedenfalls aber mindestens für die ersten zwei Jahre, nachdem das Kalisalzlager durch Grubenbaue erreicht worden ist, wird eine vorläufige Beteiligungsziffer gewährt, die nur eine ordnungsmäßige Aufschließung und Vorrichtung der Lagerstätte gestattet und 50 v. H. der durchschnittlichen Beteiligungsziffer aller Werke nicht übersteigen darf. Ferner wird auch die endgültige Beteiligungsziffer nicht sogleich in voller Höhe gewährt, vielmehr für das dritte Jahr nach Erreichung des Kalisalzlagers durch die Grubenbaue um 30 v. H., für das vierte Jahr um 20 v. H. und für das fünfte Jahr um 10 v. H. gekürzt (§ 12 Abs. 1 und 2).

Diese einschränkenden Bestimmungen gelten jedoch nicht in vollem Umfange

a) für Kaliwerke, an denen das Reich oder ein Bundesstaat mit mindestens einem Drittel beteiligt ist,

b) für Kaliwerke, die zwar erst nach Verkündung des Gesetzes lieferungsfähig werden, indessen schon vor dem 17. Dezember 1909 mit dem Schachtabteufen begonnen oder nachweisbar ernstliche Vorarbeiten dazu getroffen haben, sofern sie das Abteufen oder die Vorarbeiten ohne schuldhafte Verzögerung fortgesetzt haben. Solche Werke erhalten bis zur Klärung ihrer Lagerungs- und Betriebsverhältnisse eine vorläufige Beteiligungsziffer in der oben angegebenen Höhe, sodann aber alsbald die volle endgültige Beteiligungsziffer (§ 12).

Der Schaffung neuer Kaliwerke durch Teilung schon bestehender wirken ferner die §§ 10, 11 entgegen, wonach im Falle der Teilung die Gewährung besonderer Beteiligungsziffern für die Teilwerke an besondere Voraussetzungen geknüpft ist und Werken mit zwei durchschlägigen förderfähigen Schächten eine Prämie in Gestalt eines Zuschlags von 10 v. H. zu ihrer Beteiligungsziffer gewährt wird.

5. Schutz der Kaliarbeiter und der Betriebsgemeinden.

In der Reichstagskommission sind Anträge sozialpolitischen Charakters gestellt worden, die darauf abzielten, mit der gesetzlichen Regelung des Kaliabsatzes die Aufstellung bestimmter Grundsätze über die Rechtsverhältnisse der Kaliarbeiter (Minimallohn, Maximalarbeitszeit, Tarifverträge, Gewinnbeteiligung) zu verbinden. Eine solche Überschreitung des Rahmens des Gesetzes, die dazu geführt hätte, daß über die wichtigsten und schwierigsten sozialpolitischen Probleme auf einseitiger und unvollkommener Grundlage mit mehr oder weniger bindender Wirkung für die Zukunft Entscheidung getroffen worden wäre, ist von den verbündeten Regierungen abgelehnt worden.

Indessen war mit der Gefahr zu rechnen, daß die Kaliindustrie die ihr durch die gesetzlich festgelegte Ermäßigung der Inlandpreise entstehenden Nachteile auf die Arbeiter abschieben könnte. Diese Befürchtung, die durch eine scheinbar eine solche Absicht andeutende Eingabe des Kalisyndikats an die Reichstagskommission noch verstärkt worden war (StenBer. S. 3032B), führte zu Vermittelungsanträgen, die den berechtigten Interessen der Kaliarbeiter innerhalb des Rahmens des Gesetzes Rechnung tragen wollten. Aus diesen Anträgen sind die §§ 13 bis 16 hervorgegangen. Danach wird, wenn auf einem Kaliwerke eine Lohnverminderung oder eine Verlängerung der Arbeitszeit eintritt, die Beteiligungsziffer des Werkes entsprechend gekürzt, wenn nicht der Kaliwerksbesitzer nachweist, daß auch die Arbeitsleistung zurückgegangen ist (§§ 13, 14). Diese Bestimmung findet jedoch keine Anwendung auf Kaliwerke, bei denen die Lohn- und Arbeitsbedingungen durch besondere, zwischen den Kaliwerksbesitzern und der durch geheime Stimmabgabe festgestellten Mehrheit der beteiligten Arbeiter abgeschlossene Verträge geregelt sind (§ 16). Der Kaliwerksbesitzer ist also in der Lage, sich durch Abschluß von Tarifverträgen der Gefahr einer Kürzung der Beteiligungsziffer zu entziehen. Im einzelnen sei hier auf die näheren Bestimmungen der §§ 13 bis 16 verwiesen.

Nachteile für die Kaliarbeiter können sich ferner daraus ergeben, daß ein Kaliwerk seine Beteiligungsziffer an ein anderes Werk ganz oder teilweise überträgt und dementsprechend den eigenen Betrieb einstellt oder einschränkt. Für solche Übertragungen sind erfahrungsmäßig oft nicht zwingende tatsächliche Verhältnisse, sondern finanzielle Gründe bestimmend. Das Gesetz (§ 19 Abs. 2) bestimmt daher, daß der Kaliwerksbesitzer den Arbeitern und Beamten den ihnen infolge der Übertragung entstehenden Einnahmeausfall bis zur Dauer von

26 Wochen zu ersetzen hat. Für Streitigkeiten hierüber ist in erster Linie das Gewerbegericht oder Berggewerbegericht zuständig.

Im übrigen liegen Übertragungen bis zur Hälfte der Beteiligungsziffer im freien Belieben der Beteiligten. Soll mehr als die Hälfte der Beteiligungsziffer übertragen werden, so ist dazu die Genehmigung der zuständigen Landeszentralbehörde erforderlich. Die Erteilung der Genehmigung ist von der Sicherstellung der Entschädigungsansprüche der Arbeiter und Beamten abhängig (§ 19 Abs. 3).

Diese Genehmigungspflicht soll zugleich auch die Interessen der Gemeinden schützen, auf die sich der Betrieb des Kaliwerks erstreckt und die daher durch Stillegung oder Einschränkung des Betriebes des übertragenden Werkes Nachteile in steuerlicher oder sonstiger Hinsicht erleiden. Vor Erteilung der Genehmigung sind daher die beteiligten Gemeinden zu hören (§ 19 Abs. 3). Stehen die Gemeindeinteressen der Genehmigung entgegen, so kann diese versagt oder von Bedingungen abhängig gemacht werden.

6. Kalifabriken. Sonderfabriken.

Die Fabriken zur Verarbeitung von Kalisalzen zerfallen in zwei verschiedene Gruppen.

Die erste Gruppe bilden die Fabriken, die Kalisalze zu Fabrikaten verarbeiten, welche ebenfalls als Kalisalze im Sinne des Gesetzes (§ 2 Abs. 1b) gelten

(Chlorkaliumfabriken usw.). Diese Fabriken bilden, wenn sie im Besitz des Kaliwerksbesitzers stehen, mit dem Kalibergwerk eine Einheit. Der Akt des Absatzes (§ 3) liegt nicht schon in dem Übergang der Rohsalze in die Fabrik, sondern erst in der Veräußerung der Fabrikate.

Zur zweiten Gruppe sind die Fabriken zu rechnen, die Kalisalze zu anderen als den im § 2 Abs. 1 b bezeichneten Fabrikaten (zu Ätzkali, Pottasche usw.) verarbeiten, deren Fabrikate also nicht Kalisalze im Sinne des Gesetzes sind. Der Übergang von Kalisalzen in eine solche Fabrik ist Absatz, und zwar auch dann, wenn die Fabrik von dem die Rohsalze liefernden Kaliwerksbesitzer selbst betrieben wird (§ 3 Abs. 2). Die gesetzlichen Beschränkungen des Absatzes treffen daher den Übergang der Kalisalze in die Fabrik, aber nicht die Veräußerung der Fabrikate.

Nicht ausgeschlossen ist es, daß innerhalb einer Fabrik eine Abteilung der ersten, die andere der zweiten Gruppe zugehört.

Eine eigenartige Stellung nehmen diejenigen Fabriken der ersten Gruppe ein, welche nicht dem die Rohsalze liefernden Kaliwerksbesitzer gehören. Während zurzeit jeder Kaliwerksbesitzer regelmäßig eine eigene Chlorkaliumfabrik betreibt, befanden sich im ersten Entwicklungsstadium der Kaliindustrie die Chlorkaliumfabriken meist in den Händen besonderer Unternehmer. Als im Laufe der weiteren Entwicklung die Kaliwerksbesitzer allmählich dazu übergingen, ihre Salze in eigenen Fabriken zu verarbeiten, verringerte sich ihr Interesse an der Versorgung fremder Fabriken mit Rohsalzen. Indessen erhielt sich mit Rücksicht auf deren Bedeutung für die erste Entwicklung der Kaliindustrie bei den Kaliwerksbesitzern das Gefühl einer gewissen Verpflichtung, den Bedarf der Fabriken an Rohsalzen auch fernerhin zu decken, was in dem letzten Syndikatsvertrag in der Weise zum Ausdruck kam, daß das Syndikat selbst unter gewissen Voraussetzungen und Einschränkungen den Fabriken ihre Kalisalzbezüge sicherte. Das Rechtsverhältnis zu diesen „Sonderfabriken" wurde dahin geregelt, daß sie dem Syndikat gegenüber als zugehörig zu dem ihnen die Rohsalze liefernden Kalibergwerke galten. Voraussetzung hierfür war, daß der Besitzer der Sonderfabrik jederzeit nachweislich zu einem den Syndikatszwecken entsprechenden oder doch nicht widersprechenden Verhalten angehalten werden konnte.

Dieser eigenartigen, durch die geschichtliche Entwicklung begründeten Stellung der Sonderfabriken trägt das Gesetz durch die Bestimmungen in den §§ 3 Abs. 4, 5, 49 Rechnung.

Durch § 49 soll den zur Zeit des Inkrafttretens des Gesetzes bestehenden Sonderfabriken, die in den Ausführungsbestimmungen des Bundesrats namentlich genannt sind, die Deckung ihres bisherigen Bedarfs an Kalisalzen auch für die Zukunft gesichert werden. Dies Ziel wird mittelbar dadurch erreicht, daß der Bundesrat Kaliwerksbesitzern gestatten darf, über ihre Beteiligungsziffer hinaus bei ermäßigten Überkontingentsabgaben Rohsalze an die Sonderfabriken zu liefern. Daß die Kaliwerksbesitzer bei entsprechender Ermäßigung der Abgaben von dem Rechte einer Überschreitung ihres Kontingents bereitwillig Gebrauch machen werden, ist als unzweifelhaft vorausgesetzt.

Weiter sind die beim Inkrafttreten des Gesetzes bestehenden Sonderfabriken noch dadurch begünstigt, daß ihnen durch § 5 ein Fabrikationsmonopol eingeräumt ist, das sowohl einen Wettbewerb neu entstehender Sonderfabriken als auch anderer Industrien ausschließt. Fabrikate und Mischsalze, die nach § 2 Abs. 1b und c als Kalisalze gelten, dürfen nämlich, außer von den Kaliwerksbesitzern selbst, nur in den bestehenden Sonderfabriken hergestellt werden. Indessen ist deren Fabrikationsrecht, um sie an einem übermäßigen Wettbewerb mit der chemischen Industrie zu hindern, an die Bedingung geknüpft, daß sie ihre Erzeugnisse der im § 2 Abs. 1b und c bezeichneten Art (Chlorkalium usw.) nicht in größerem Umfange als bisher weiter verarbeiten (zu Ätzkali, Pottasche usw.).

Endlich hält das Gesetz (§ 3 Abs. 4) auch die auf den Syndikatsverträgen beruhende Fiktion der Zugehörigkeit der Sonderfabriken zu den die Rohsalze liefernden Kaliwerksbesitzern unter der Voraussetzung aufrecht, daß der Besitzer der Fabrik den Anordnungen des liefernden Besitzers hinsichtlich des Absatzes unbedingt nachzukommen verpflichtet ist. Unter dieser Voraussetzung gelten die in der Fabrik hergestellten Fabrikate als Erzeugnisse des liefernden Kaliwerkes. Der Absatz der Kalisalze im Sinne des Gesetzes vollzieht sich nicht schon mit der Abgabe der Salze an die Fabrik, sondern erst mit dem Austritt der Fabrikate aus der Fabrik.

Dies gilt aber selbstverständlich nur so lange, als das Abhängigkeitsverhältnis besteht. Wird dieses gelöst, so kommt hinsichtlich des Absatzes nicht mehr § 3 Abs. 4, sondern § 3 Abs. 1 zur Anwendung. Dagegen werden die den bestehenden Sonderfabriken durch §§ 5, 49 gewährleisteten Rechte durch den Fortfall des Abhängigkeitsverhältnisses nicht beeinträchtigt. Das Abhängigkeitsverhältnis war ein wesentliches Begriffsmerkmal der Sonderfabrik im syndikatlichen, ist aber nicht ein Begriffsmerkmal der Sonderfabrik im gesetzlichen Sinne.

7. Vereinigungen von Kaliwerksbesitzern.

Im Gegensatz zu den Regierungsentwürfen hat das Gesetz von der Bildung eines Zwangssyndikats, wogegen in der Kalikommission grundsätzliche Bedenken geltend gemacht wurden, abgesehen. Indessen ging bei der Beratung des Gesetzes die überwiegende Auffassung dahin, daß das Gesetz mit wirtschaftlicher Notwendigkeit zur Bildung eines Syndikats durch freiwilligen Zusammenschluß der Beteiligten führen werde.

Diese Erwartung ist inzwischen bereits zum Teil in Erfüllung gegangen, da sich am 7. Juni 1910 ein neues Kalisyndikat unter Beteiligung aller Kaliwerke mit Ausnahme von Aschersleben, Sollstedt und Einigkeit gebildet hat.

Nach § 6 des Gesetzes gelten Bestimmungen, die für Kaliwerksbesitzer getroffen sind, auch für Vereinigungen von solchen.

8. Abgaben.

Der bei den Verhandlungen über das Kaligesetz mehrfach hervorgetretene Gedanke, aus der Kaliindustrie eine neue Steuerquelle für das Deutsche Reich zu schaffen, ist nicht zur Durchführung gelangt.

Allerdings ist — abgesehen von der schon unter a erwähnten Überkontingentsabgabe, aus der wegen ihres vorwiegend prohibitiven Charakters erhebliche Einnahmen nicht zu erwarten sind — von jedem Doppelzentner reines Kali, den ein Kaliwerksbesitzer absetzt, eine in die Reichskasse fließende Abgabe von 0,60 Mk. zu entrichten. Indessen sind die Einkünfte aus dieser Abgabe nicht für allgemeine Reichszwecke, sondern zur Deckung der dem Reich aus der Ausführung des Kaligesetzes entstehenden Kosten und zur Hebung des Kaliabsatzes zu verwenden (§ 27).

Die Erhebung der Abgaben erfolgt durch die Landesbehörden auf Kosten des Reichs (§ 28 Abs. 2).

9. Verteilungsstelle. Berufungskommission.

Die Verteilungsstelle und die Berufungskommission haben den Charakter von Reichsbehörden. Die Verteilungsstelle besteht aus sieben, die Berufungskommission aus fünf Mitgliedern. Vier Mitglieder der Verteilungsstelle werden von den Kaliwerksbesitzern gewählt. Bei den Entscheidungen über Kürzung der Beteiligungsziffer wirken an Stelle zweier dieser Mitglieder zwei von den Arbeitervertretern der Knappschaftsberufsgenossenschaft aus den beim Kalibergbau beschäftigten Arbeitern gewählte Mitglieder mit. Die übrigen drei Mitglieder der Verteilungsstelle sowie alle Mitglieder der Berufungskommission werden vom Reichskanzler unter Zustimmung des Bundesrates ernannt (§§ 30, 31).

Die Festsetzung der Gesamtabsatzmenge (§ 7), die Festsetzung, Kürzung und Umrechnung der Beteiligungsziffern (§§ 8 bis 18), der Frachtenausgleich und der Ausgleich der Frachtvergütungen (§ 22) sowie die Entscheidung über die Anwendbarkeit des § 3 Abs. 4 auf eine Sonderfabrik erfolgt durch die Verteilungsstelle.

Gegen die Festsetzung der Gesamtabsatzmenge (§ 7) steht dem einzelnen Kaliwerksbesitzer kein Rechtsmittel, sondern nur dem Vorsitzenden der Verteilungsstelle die Beschwerde an den Bundesrat zu, gegen die sonstigen Festsetzungen der Verteilungsstelle ist die Berufung an die Berufungskommission zulässig (§ 32). Der ordentliche Rechtsweg ist ausgeschlossen (§ 33).

10. Sicherung der Durchführung des Gesetzes.

Die Durchführung des Gesetzes ist sichergestellt

a) durch eine Auskunftpflicht der Kaliwerksbesitzer (§ 34),

b) durch die Befugnis der von den Landesregierungen bestimmten Behörden, die Befolgung des § 23 (Sicherung gegen Untergehalt) und des § 34 (Auskunftpflicht) durch Androhung und Einziehung von Geldstrafen zu erzwingen (§ 41),

c) durch die Befugnis des Bundesrats zum Erlaß weiterer Kontrollvorschriften (§ 51 Abs. 1),

d) durch Strafbestimmungen (VII. Abschnitt), die sich sowohl gegen die Hinterziehung der Abgaben als auch gegen sonstige Verstöße wider die Gesetzesvorschriften richten.

11. Geltungsdauer des Gesetzes.

Die Geltungsdauer des Gesetzes, die sich nach den Regierungsentwürfen auf 20 Jahre erstrecken sollte, ist auf annähernd 15 Jahre, bis zum 31. Dezember 1925 festgesetzt (Einleitungsworte des Gesetzes).

Um der Gesetzgebung freie Bahn für eine etwaige weitere Regelung zu schaffen, bestimmt § 50, daß Lieferungsverträge, die vor dem 1. Juli 1925 mit Wirkung über den 31. Dezember 1925 hinaus geschlossen werden, nichtig sind.

Sollten wider Erwarten im Auslande Kalisalze von größerer wirtschaftlicher Bedeutung gefunden werden, so käme damit eine wesentliche tatsächliche Voraussetzung des Gesetzes in Fortfall und dessen Aufhebung in Frage.

Gesetz über den Absatz von Kalisalzen.

Vom 25. Mai 1910 (RGBl. S. 775).

Wir **Wilhelm**, von Gottes Gnaden Deutscher Kaiser, König von Preußen rc.

verordnen im Namen des Reichs, nach erfolgter Zustimmung des Bundesrats und des Reichstags, was folgt:

Für die Zeit bis zum 31. Dezember 1925 gelten für den Absatz von Kalisalzen folgende Vorschriften:

I. Abschnitt.

Allgemeine Vorschriften.

§ 1. Kalisalze dürfen von Kaliwerksbesitzern nur nach Maßgabe der Bestimmungen dieses Gesetzes abgesetzt werden.

KB. S. 18, 65; StenBer. S. 2983ff.

§ 1 bestimmt den Rahmen des Gesetzes. Dieses regelt den Absatz (§ 3) von Kalisalzen (§ 2) durch Kaliwerksbesitzer (§ 6), nicht den Weiterabsatz von Kalisalzen durch Händler. Außerhalb dieses eigentlichen Rahmens liegen aber § 4, insofern dieser anderen Personen als Kaliwerksbesitzern den Absatz von Kalisalzen nach dem Auslande verbietet und § 5, der die Herstellung von Kalifabrikaten betrifft.

§ 2. Begriff der Kalisalze.[1]

Kalisalze im Sinne dieses Gesetzes sind:

a) die kaliumhaltigen aus den Kalisalzbergwerken gewonnenen Mineralien — die Kalirohsalze — in fester oder gelöster Form,[2]

b) Chlorkalium, schwefelsaures Kali, schwefelsaure Kalimagnesia, die sogenannten Kalidüngesalze sowie alle sonstigen kaliumhaltigen Fabrikate, welche in der Regel unmittelbar aus den Kalirohsalzen hergestellt werden,[3] ferner die kaliumhaltigen Rückstände dieser Herstellungen,[4]

c) die Mischungen von Rohsalzen (a) und Fabrikaten (b) — Mischsalze[5] —.

Ob ein Erzeugnis der Kaliindustrie zu den unter a bis c aufgeführten Kalisalzen gehört, entscheidet im Zweifelsfalle der Bundesrat.

Entw. § 3; Begr. S. 19; KB. S. 19f., 65; StenBer. S. 2993, 2995, 3020 B.

1. Die Umgrenzung des Begriffes Kalisalze entspricht im wesentlichen dem bisherigen Kalisyndikatsvertrage, jedoch ist das in diesen mitaufgenommene Magnesiumsalz „Kieserit" unberücksichtigt geblieben. Entw. S. 19.

Auch Kalisalze ausländischer Herkunft sind — vorbehaltlich der Anwendbarkeit der einzelnen Gesetzesbestimmungen — als Kalisalze im Sinne des § 2 anzusehen (vgl. Entw. § 1 Abs. 3).

2. Mineralien, die wegen der Geringfügigkeit ihres Kaliumgehaltes nach den in der Mineralogie, im Bergrecht, im Kalihandel herrschenden Anschauungen nicht als Kalisalze gelten, sind auch nicht als solche im Sinne des Gesetzes anzusehen. Im Zweifelsfalle entscheidet nach Abs. 2 der Bundesrat.

Magnesia- und Borsalze sind, obwohl sie ebenso wie Kalisalze mit dem Steinsalz auf derselben Lagerstätte vorkommen und bergrechtlich den Kalisalzen fast überall gleichstehen, doch nicht als Kalisalze im Sinne des Gesetzes anzusehen, sofern sie nicht zugleich Kalium in solcher Menge enthalten, daß sie aus diesem Grunde auch als Kalisalze gelten können.

Kalisalze sind nicht die im Rheingebiete vorkommenden, 6—8 v. H. Kali in schwer löslicher Form enthaltenden Phonolithe, sowohl wegen des unzureichenden Kaligehaltes als auch weil sie nicht aus Kalisalzbergwerken gewonnen werden.

3. Zu diesen Fabrikaten gehören nicht Pottasche, Ätzkali, Kalisalpeter, chlorsaures und chromsaures Kali, Kalialaun, Bromkalium usw. Diese werden in der Regel mittelbar aus den Kalirohsalzen hergestellt. Sollten sie ausnahmsweise einmal unmittelbar aus Kalirohsalzen hergestellt werden, so werden sie dadurch doch nicht Kalisalze im Sinne des Gesetzes.

Andererseits gelten Fabrikate, die, wie Chlorkalium, in der Regel unmittelbar aus Kalirohsalzen hergestellt werden, auch dann als Kalisalze, wenn sie ausnahmsweise mittelbar aus Kalirohsalzen hergestellt werden.

Nach dem Wortlaut von Abs. 1b würden Fabrikate, die regelmäßig unmittelbar aus Kalirohsalzen hergestellt werden (z. B. Chlorkalium), auch dann als Kalisalze anzusehen sein, wenn sie überhaupt nicht aus Kalirohsalzen (Abs. 1a) sondern aus anderem Rohmaterial (Mutterlaugen der Salinen, Nebenprodukten der Zuckerfabriken usw.) hergestellt werden. Dies dürfte aber der Absicht des Gesetzes nicht entsprechen, da fast alle Gesetzesbestimmungen (etwa mit Ausnahme von §§ 4, 5) auf solche Erzeugnisse unanwendbar sind. Auch ist aus § 2 Abs. 2 zu entnehmen, daß die Frage, ob Kalisalz oder nicht, nur hinsichtlich eines „Erzeugnisses der Kaliindustrie" entstehen kann. Kaliindustrie wird aber z. B. die Zuckerindustrie nicht dadurch, daß sie als Nebenerzeugnis Chlorkalium gewinnt. Auch der Regierungsentwurf (§ 5) schied Kalisalze, die nicht in letzter Linie aus Kaliwerken herrühren, von der unmittelbaren Anwendung des Gesetzes aus. Vgl. hinsichtlich der kaliumhaltigen Nebenerzeugnisse von Zuckerfabriken auch StenBer. S. 2995 C.

4. Rückstände, die nur Steinsalz oder nur vielleicht 2 v. H. Kali enthalten, fallen nicht unter das Gesetz. KB. S. 19 f.

5. Ein Mischsalz im Sinne des Gesetzes ist nicht der in den chemischen Düngerfabriken (Superphosphatfabriken) hergestellte Mischdünger, sofern er nicht mehr als den bisher üblichen Zusatz von Kali enthält. StenBer. S. 2993 B, 2995 C.

§ 3. Begriff des Absatzes.[1]

Absatz im Sinne dieses Gesetzes ist jede Besitzübertragung[2] von Kalisalzen an einen anderen.

Als Absatz gilt ferner die Abgabe von Kalisalzen an eine dem Kaliwerksbesitzer gehörige[3] Fabrik oder Fabrikabteilung zum Zwecke der Weiterverarbeitung zu nicht unter § 2 Abs. 1b und c genannten Erzeugnissen.[4]

Als Absatz gilt drittens jede Versendung von Kalisalzen in das Ausland.[5]

Als Absatz gilt jedoch nicht die Abgabe von Rohsalzen zur Weiterverarbeitung zu den im § 2 Abs. 1b und c bezeichneten Erzeugnissen an eine Fabrik, deren Besitzer den Anordnungen des liefernden Kaliwerksbesitzers hinsichtlich des Absatzes unbedingt nachzukommen verpflichtet ist. Die in solchen Fabriken hergestellten Fabrikate gelten als Erzeugnisse des das Rohsalz liefernden Kaliwerkes.[6] Ob die Fabrik unter die Bestimmungen dieses Absatzes fällt, entscheidet die Verteilungsstelle.[7]

Entw. § 4; Begr. S. 19; KB. S. 20 f., 65 f.; StenBer. S. 3020 B.

1. Der Begriff des Absatzes ist im wesentlichen entsprechend den Kalisyndikatsverträgen bestimmt. Entw. S. 19.

2. Was „Besitzübertragung" ist, bestimmt sich nach den allgemeinen Grundsätzen des bürgerlichen und des Handelsrechts. Im Falle des Abs. 2 liegt Absatz von Kalisalzen im Sinne des Gesetzes vor, obwohl keine Besitzübertragung, im Falle des Abs. 4 liegt Absatz von Kalisalzen nicht vor, obwohl Besitzübertragung stattfindet. Im Falle des Abs. 3 ist es unerheblich, ob Besitzübertragung stattfindet oder nicht.

3. Als dem Kaliwerkbesitzer „gehörig" wird eine Fabrik anzusehen sein, die er ebenso wie das Kalibergwerk auf eigene Rechnung betreibt, vgl. § 6.

Wegen der Kontrolle in diesem Falle vgl. AusfBest. z. X. Abschn. Ziff. 6.

4. Zu Pottasche, Ätzkali, Kalisalpeter usw. vgl. Anm. 3 zu § 2.

5. „Ausland" vgl. Anm. 1 zu § 4.

Die Bestimmung ist erforderlich, weil sonst ein Kaliwerksbesitzer, der eine Fabrik oder eine Handelsniederlassung im Auslande hat, Kalisalze dorthin unter seiner eigenen Adresse versenden und dadurch das Gesetz umgehen könnte. KB. S. 66.

6. Nach den Kalisyndikatsverträgen galten Chlorkaliumfabriken, die sich zu dem ihnen die Rohsalze liefernden Kaliwerke in einem solchen Abhängigkeitsverhältnis befanden, daß der Fabrikbesitzer von dem Kaliwerksbesitzer jederzeit zu einem den Syndikatszwecken entsprechenden bzw. nicht widersprechenden Handeln angehalten werden konnte — die „Sonderfabriken" —, als zu dem liefernden Kaliwerk zugehörig. Sie bildeten mit diesem in syndikatlicher Hinsicht gewissermaßen eine Einheit. Abs. 4 hält diesen Zustand aufrecht. Die Entstehung neuer Sonderfabriken ist jedoch nach § 5 ausgeschlossen.

Die den bestehenden Sonderfabriken nach §§ 5, 49 zustehenden Rechte sind übrigens nicht dadurch bedingt, daß das Abhängigkeitsverhältnis fortdauert.

7. Verteilungsstelle § 30. Rechtsmittel § 32 Abs. 2.

§ 4. Auslandabsatz.

Der Absatz von Kalisalzen nach dem Ausland[1] darf nur durch Kaliwerksbesitzer erfolgen.[2]

KB. S. 21 f., 66; StenBer. S. 3020 f.

1. „Ausland" ist nicht etwa gleichbedeutend mit „Zollausland" im Sinne der Zollgesetze. Die Freihafengebiete sind Inland, das Großherzogtum Luxemburg ist Ausland.

Die deutschen Schutzgebiete sind im Sinne der Reichsverfassung und der Reichsgesetze Ausland (vgl. Laband, Deutsches Reichsstaatsrecht. 5. Aufl. S. 195). Daß sie auch das Kaligesetz als Ausland ansieht, folgt überdies aus § 25.

2. § 4 will verhüten, daß „Händler im Inlande die Salze billiger aufkaufen und nach dem Auslande zu niedrigeren Preisen ausführen" (vgl. § 24). Der preußische Handelsminister hat dazu in der Kommission ausgeführt: „Wolle man erreichen, daß das Ausland nicht zu niedrigeren Preisen als das Inland Kali beziehen dürfe, so müßten, wenn man dem Handel den Absatz nach dem Auslande freigäbe, sehr scharfe, tief einschneidende Kontrollmaßregeln für den Handel überhaupt eingeführt werden. Diese würden aber den gesamten Kalihandel stark belästigen; die Ausschaltung des Handels sei das kleinere Übel. Der Absatz nach dem Auslande durch die Werke könne selbstverständlich auch durch Agenten vermittelt werden; diese habe der Werksbesitzer in der Hand." KB. S. 21.

Die Ausschaltung des Handels gilt aber nach dem klaren Wortlaut des Gesetzes nur für den „Absatz" von Kalisalzen nach dem Ausland, d. h. für die Besitzübertragung an ausländische Abnehmer (§ 3 Abs. 1) und für die Versendung nach dem Auslande (§ 3 Abs. 3). Dagegen ist es dem Händler nicht verboten, Verträge über Lieferung von Kalisalzen mit ausländischen Abnehmern abzuschließen, und die unmittelbare Ausführung dieser Lieferungen vertragsmäßig einem Kaliwerksbesitzer zu übertragen. Der diesem gezahlte

Preis muß allerdings die Mindestgrenze des § 24 erreichen. Auch ist die gelieferte Menge auf das Auslandskontingent des Werkes anzurechnen. Dieser Auffassung steht auch nicht entgegen, daß in beiden Kommissionslesungen und in der zweiten Lesung im Reichstag ein Abänderungsantrag, die Bestimmung wie folgt zu fassen: „Der Absatz von Kalisalzen nach dem Auslande darf nur durch direkte Versendung von Kaliwerken und Sonderfabriken aus erfolgen", abgelehnt worden ist. Diese Fassung hätte nicht hinreichend zum Ausdruck gebracht, daß der Kaliwerksbesitzer selbst als Versender auftreten muß. Jedenfalls ergeben die Verhandlungen nicht, daß die jetzige Fassung gewählt worden ist, um auch den Abschluß von Lieferungsverträgen durch Händler auszuschließen. Das würde auch über den Zweck der Bestimmung hinausgehen.

Vereinigungen von Kaliwerksbesitzern dürfen Kalisalze nach dem Ausland absetzen, ohne Rücksicht darauf, ob sie den Absatz ihrer Mitglieder nur vermitteln oder diesen gegenüber als Käufer und den ausländischen Abnehmern gegenüber als Verkäufer auftreten (vgl. § 6 Satz 2).

Dagegen ist der Besitzer einer Sonderfabrik nicht berechtigt, in eigenem Namen Kalisalze nach dem Ausland auszuführen.

Strafbestimmung § 36. Kontrollmaßregeln AusfBest. z. X. Abschn.

Der Bezug von Kalisalzen aus dem Auslande unterliegt keinen Beschränkungen.

§ 5.[1]

Die im § 2 Abs. 1 zu b und c bezeichneten Erzeugnisse dürfen nur von Kaliwerksbesitzern und den Besitzern der beim Inkrafttreten dieses Gesetzes bestehenden Sonderfabriken (§ 49)[2] hergestellt werden. Den Besitzern von Sonderfabriken steht dieses Recht

nur so lange zu, als sie diese Erzeugnisse nicht in größerem Umfang als bisher verarbeiten.[3]

StenBer. S. 2992 D, 2993 A, 2995 B, 2997 D, 3020 f.,

1. § 5 ist erst bei der zweiten Beratung des Gesetzes im Reichstage eingefügt worden. Er geht über den eigentlichen Rahmen des Gesetzes (Absatz von Kalisalzen) hinaus und bezweckt, den bisherigen Zustand der Produktionsverteilung zwischen der Kaliindustrie und der chemischen Industrie zu befestigen. Satz 1 schafft eine Art Produktionsmonopol hinsichtlich der dem Gesetz unterfallenden Kalifabrikate und Mischsalze zugunsten der Kaliwerksbesitzer und der Beitzer der bestehenden Sonderfabriken. Satz 2 will die chemische Industrie dagegen schützen, daß ihr die Kaliindustrie unter Ausnutzung ihrer Vorzugsstellung Konkurrenz macht, insbesondere dagegen, daß die Sonderfabriken, die die Rohprodukte regelmäßig billiger beziehen können, als die chemischen Fabriken, in größerem Umfange als bisher auch chemische Fabrikate z. B. Ätzkali herstellen. StenBer. S. 3020 C.

2. Diese sind in den AusfBest. z. I. u. IX. Abschn. Ziff. 1 namentlich aufgeführt. Ihr Vorrecht ist nicht durch das Fortbestehen eines Abhängigkeitsverhältnisses zu dem liefernden Werk (§ 3 Abs. 4) bedingt.

Vgl. auch Anm. 1 zu § 49.

3. „Verarbeiten" d. h. zu anderen als den im § 2 Abs. 1 b und c bezeichneten Erzeugnisse weiterverarbeiten.

Zweifelhaft ist, welche Produktionszeiträume zugrunde zu legen sind behufs Feststellung, ob die Weiterverarbeitung einen größeren als den bisherigen Umfang angenommen hat. Am nächsten liegt, die Jahresproduktionsmengen zu vergleichen. Ist aber von dem Kalenderjahr 1909 oder nach Analogie des § 49 von dem mit dem 1. Mai 1909 beginnenden Jahre auszugehen?

Zweifelhaft ist ferner, ob, wenn eine Weiterverarbeitung in größerem als dem bisherigen Umfange stattfindet, das

Recht zur Herstellung von Erzeugnissen der im § 2 Abs. 1b und c bezeichneten Art endgültig untergeht, oder ob es wieder auflebt, sobald die Weiterverarbeitung auf den zulässigen Umfang wieder eingeschränkt wird.

Kontrolle der Beobachtung des § 5 durch die Sonderfabriken vgl. AusfBest. z. I. u. IX. Abschn. Ziff. 2.

Strafbestimmung § 36.

§ 6. Begriff des Kaliwerksbesitzers.

Kaliwerksbesitzer im Sinne dieses Gesetzes ist, wer ein Kalibergwerk[1] (Kaliwerk) auf eigene Rechnung betreibt.[2] Bestimmungen, die für Kaliwerksbesitzer getroffen sind, gelten auch für Vereinigungen von solchen.[3]

Entw. § 2; Begr. S. 18f. KB. S. 18, 66; StenBer. S. 3021 A.

1. Der Begriff des Kalibergwerks setzt nicht die Verleihung des Bergwerkseigentums auf Kalisalze nach bergrechtlichen Grundsätzen voraus. Kalibergwerk ist eine Anlage zur Gewinnung von Kalisalzen auch dann, wenn das Gewinnungsrecht auf einem andern Rechtsgrunde beruht (vgl. Einl. S. 21). Auch kommt es auf die Art der Gewinnung nicht an, insbesondere ist es als Bergwerksbetrieb auch anzusehen, wenn die Kalisalze mittels eines Bohrlochs in gelöster Form gewonnen werden. Entw. S. 18. Soweit auf diesen Fall Gesetzesbestimmungen (vgl. z. B. § 12) ihrem Wortlaut nach nicht passen, sind sie der Absicht des Gesetzes entsprechend anzuwenden.

2. Der Begriff des Kaliwerksbesitzers ist entsprechend der Auffassung der bergrechtlichen Praxis festgestellt. Entw. S. 19. Die Anwendung der Bestimmungen des bürgerlichen Rechts über den Besitz ist danach ausgeschlossen.

Der Besitzer einer Sonderfabrik steht dem Kaliwerksbesitzer nicht gleich. StenBer. S. 3019 D, 3020 A.

3. Selbstverständlich nur für Vereinigungen zu Absatzzwecken, so namentlich für das am 7. 6. 1910 neugebildete Kalisyndikat.

In der ersten Kommissionsfassung des Gesetzentwurfs war bei den einzelnen Bestimmungen, die auch für Vereinigungen von Kaliwerksbesitzern gelten sollten, dies besonders zum Ausdruck gebracht. In der zweiten Kommissionslesung ist hiervon abgegangen und dem § 6 der jetzige Satz 2 beigefügt worden, um unnütze Wiederholungen an anderen Stellen zu vermeiden. KB. S. 66. Unter diesen Umständen wird Satz 2 trotz seiner allgemeinen Fassung außer Anwendung bleiben müssen, soweit einzelne für Kaliwerksbesitzer getroffene Bestimmungen der Natur der Sache nach auf Vereinigungen von Kaliwerksbesitzern nicht passen, z. B. § 12.

Nach den AusfBest. z. II. Abschn. (zu § 7) Ziff. 3 bleibt es „Vereinigungen von Kaliwerksbesitzern überlassen, den auf sie entfallenden Absatz für das Inland und für das Ausland einerseits und in den einzelnen Sorten andererseits unter ihre Mitglieder nach den unter diesen getroffenen Vereinbarungen zu verteilen." Der Sinn dieser Bestimmung ist nicht klar. Auf die Vereinigung als solche entfällt kein Absatz, sondern auf die einzelnen Mitglieder der Vereinigung. Es ist also kein Absatz zu verteilen, sondern Verschiebungen des Absatzes können nur im Wege der Übertragung der Beteiligungsziffer oder des Sortenaustausches stattfinden. Der Sortenaustausch ist aber ohnehin unbeschränkt zulässig, während die Übertragung der Beteiligungsziffern Beschränkungen unterliegt (§ 19), die durch die AusfBest. nicht beseitigt werden können und offenbar auch nicht beseitigt werden sollen. Der vorbezeichneten Stelle der AusfBest. kann daher nur die beschränkte Bedeutung beigelegt werden, daß bei Prüfung, ob die Voraussetzungen des § 8 Abs. 6 vorliegen, gegenüber Syndikatswerken nicht der tatsächliche Absatz des einzelnen Werkes nach dem Inland oder Ausland, sondern der Gesamtabsatz des Syndikats zugrunde zu legen ist.

II. Abschnitt.

Feststellung der Gesamtmenge des Absatzes und des Anteilverhältnisses der einzelnen Kaliwerke am Absatz.

§ 7. Gesamtmenge des Absatzes.

Die Gesamtmenge des auf die Kaliwerksbesitzer für das Kalenderjahr entfallenden Absatzes wird alljährlich durch die Verteilungsstelle[1] festgesetzt. Sie ist in Doppelzentnern reines Kali (K_2O) und mindestens in Höhe des im vorausgegangenen Kalenderjahre festgestellten Gesamtabsatzes zuzüglich 5 vom Hundert festzusetzen.[2] Zugleich hat die Verteilungsstelle[1] zu bestimmen, welcher Teil der Gesamtmenge des Absatzes auf das Inland und auf das Ausland entfällt und welche Mengen in den einzelnen Sorten zu liefern sind.[3]

Die Verteilungsstelle[1] kann nachträglich die festgesetzten Mengen erhöhen.[4]

Für die Zeit vom 1. Mai 1910[5] bis zum 31. Dezember 1910 ist eine entsprechende Menge vom Bundesrate festzusetzen.[6]

KB. S. 28f., 67; StenBer. S. 3021f.

1. Verteilungsstelle § 30. Rechtsmittel § 32 Abs. 1.

2. Kontingentiert wird die Absatzmenge. Hinsichtlich des Umfangs ihrer Förderung und hinsichtlich der Über-

nahme von Lieferungsverpflichtungen sind die Kaliwerksbesitzer nicht eingeschränkt.

Der im vorausgegangenen Kalenderjahre „festgestellte" (nicht „festgesetzte") Gesamtabsatz ist gleichbedeutend mit der tatsächlichen Absatzmenge, die sich mit der gemäß § 7 „festgesetzten" Absatzmenge nicht zu decken braucht, im Jahre 1910 auch gar nicht decken kann (vgl. Abs. 3). Die Verteilungsstelle hat sich, abgesehen von der Einhaltung der gesetzlich vorgeschriebenen Mindestgrenze, „bei der jährlichen Festsetzung der Gesamtmenge des Absatzes für das Inland und das Ausland nach Möglichkeit dem voraussichtlichen Bedarf der Verbraucher anzupassen." AusfBest. z. II. Abschn. (zu § 7). Ziff. 2. Wegen Beschaffung der für die Festsetzung erforderlichen Unterlagen vgl. AusfBest. z. II. Abschn. (z. § 7) Ziff. 1 u. 2.

3. Die Teilung des Gesamtkontingents in ein Inlands- und ein Auslandskontingent ist, da wegen der höheren Auslandpreise mehr Neigung zum Absatz nach dem Auslande besteht, erforderlich, um die Befriedigung des Inlandsbedarfs zu sichern. Die Unterteilung des Inlands- und Auslandskontingents in Sortenmengen („Sorten" vgl. § 20 Abs. 1) ist unumgänglich, weil der Verdienst in den verschiedenen Sorten verschieden ist, und sich sonst das Bestreben zeigen würde, nur die rentabelsten Sorten zu liefern. KB. S. 29.

Die Teilung des Gesamtkontingents in das Inlands- und das Auslandskontingent und die Unterteilung in die Sortenmengen hat sich selbstverständlich ebenfalls dem voraussichtlichen Bedarf der Verbraucher anzupassen. Die gesetzliche Mindestgrenze (Absatz des Vorjahres zuzüglich 5 v. H.) gilt aber formell nur für die Festsetzung des Gesamtkontingents.

4. Sie hat dies zu tun, sobald sich ein die festgesetzte Absatzmenge übersteigender Bedarf der Verbraucher ergibt. AusfBest. z. II. Abschn. (zu § 7) Ziff. 2 letzter Satz. Eine Herabsetzung der festgesetzten Absatzmenge ist nicht zulässig.

5. Das Gesetz hat demnach (trotz § 52) insofern rückwirkende Kraft, als die in der Zeit vom 1. 5. 1910 bis zum Tage seines Inkrafttretens (28. 5. 1910) von einem Kaliwerke gelieferten Mengen auf dessen Kontingent angerechnet werden.

6. Durch Beschluß des Bundesrats vom 18. 6. 1910 (Bek. des Reichskanzlers v. 29. 6. 1910) ist die Absatzmenge für die Zeit v. 1. 5. bis 31. 12. 1910 wie folgt festgesetzt worden:

	Inland	Ausland
	dz reines Kali (K_2O)	
Carnallit mit mindestens 9% und weniger als 12% K_2O . . .	30 500	1 100
Rohsalze mit 12—15% K_2O .	1 265 200	796 000
Düngesalz „ 20—22% K_2O .	5 800	110 600
Düngesalz „ 30—32% K_2O .	3 200	90 200
Düngesalz „ 40—42% K_2O einschl. Kalidünger mit 38% K_2O	375 400	147 500
Chlorkalium	352 500	557 600
Schwefelsaures Kali mit über 42% K_2O	10 200	232 000
Schwefelsaure Kalimagnesia . .	1 000	46 400
	2 043 800	1 981 400
	4 025 200.	

Eine nachträgliche Erhöhung dieser Menge erscheint zulässig, die Befugnis dazu steht aber nur dem Bundesrat selbst, nicht der Verteilungsstelle zu.

§ 8. Beteiligungsziffern.

Die Festsetzung des Anteilverhältnisses der einzelnen Kaliwerksbesitzer[1] an dem Absatz von Kalisalzen (der Beteiligungsziffern) erfolgt durch die Verteilungsstelle.[2, 3]

Die Kaliwerksbesitzer nehmen am Inlandabsatz und am Auslandabsatz sowie am Absatz der ver-

schiedenen Kalisalzsorten nach dem Verhältnis ihrer Beteiligungsziffern teil.[4]

Der Kaliwerksbesitzer darf die auf ihn entfallende Absatzmenge um höchstens 10 vom Hundert überschreiten, wenn er auf Zuteilung einer entsprechenden Absatzmenge für das folgende Kalenderjahr verzichtet.[5]

Bleibt er mit dem Absatz gegen die auf ihn entfallende Absatzmenge um höchstens 10 vom Hundert zurück, so kann er eine entsprechende Menge im folgenden Kalenderjahre nachliefern.[5]

Kaliwerksbesitzern, welche infolge der Beschaffenheit ihrer Lagerstätten einzelne der im § 20 Abs. 1 aufgeführten Kalisalzsorten nicht zu liefern vermögen, ist eine angemessene Beteiligung in anderen Kalisalzsorten von der Verteilungsstelle[2] zum Ausgleich zu gewähren.[6]

Der einem Kaliwerksbesitzer zustehende Anteil am Auslandabsatze verringert sich in dem gleichen Verhältnis, in welchem der Kaliwerksbesitzer mit dem Inlandabsatz innerhalb des Kalenderjahrs hinter der Beteiligung zurückbleibt.[7]

Entw. § 30 Abs. 2; Begr. S. 26; KB. S. 38f., 51f., 67f.; StenBer. S. 2985B, 2997D, 2998A, 3023A u. B.

1. Die Beteiligungsziffer wird indessen nicht für den Kaliwerksbesitzer, sondern für das Kaliwerk festgesetzt (§ 9 Abs. 3). Die Festsetzung schafft für den Besitzer dieses Werkes ein Recht öffentlich-rechtlichen Charakters. Sonderfabriken erhalten keine Beteiligungsziffer (StenBer. S. 3019D), auch nicht Vereinigungen von Kaliwerksbesitzern eine gemeinschaftliche Beteiligungsziffer (trotz § 6 Satz 2).

2. Verteilungsstelle § 30. Rechtsmittel § 32 Abs. 2.

3. Wegen des Verfahrens bei Festsetzung der Beteiligungsziffern vgl. AusfBest. z. II. Abschn. (zu §§ 8 ff.) Ziff. 1 u. 2.

4. Vgl. Anm. 3 zu § 7.

Übertragung von Beteiligungsziffern an andere Werke und Austausch von Sorten § 19.

5. Die Beteiligungsziffer des Werkes ändert sich im folgenden Kalenderjahre nicht. Nur ist die Absatzmenge des Werkes in diesem Jahre geringer oder größer, als an sich der Beteiligungsziffer entsprechen würde. Die Absatzmengen der anderen Werke werden dadurch nicht beeinflußt. Vgl. auch AusfBest. z. V. Abschn. Ziff. 4.

6. Die Absatzmengen der Kaliwerke in den einzelnen Salzsorten können im Wege der freien Vereinbarung ausgetauscht werden (§ 19 Abs. 1). Trotzdem würde ein Werk, das infolge der Beschaffenheit seiner Lagerstätte einzelne Kalisalzsorten nicht zu liefern vermag, in eine ungerechtfertigte Zwangslage geraten, wenn es ein zu einem Austausch unter angemessenen Bedingungen bereites anderes Werk nicht fände. Daher die Bestimmung im Abs. 5. Sie kommt namentlich den sog. Carnallitwerken zustatten. Wegen der Sylvinitwerke, die keinen Kieserit haben, vgl. KB. S. 68.

Unter „angemessener" Beteiligung in anderen Kalisalzen ist eine solche Beteiligung zu verstehen, die es den betreffenden Werken ermöglicht, etwa denselben Gewinn mit der ihm zu übertragenden Beteiligung in andern Salzen zu erzielen, als wenn es die ihm fehlenden Salze hätte. KB. S. 68.

Die Grundsätze für den Ausgleich stellt der Bundesrat auf (§ 51). Vgl. AusfBest. z. II. Abschn. (zu § 8 Abs. 5).

7. Hierdurch soll die Befriedigung des Inlandbedarfs, für den wegen der niedrigeren Preise ein geringeres Interesse besteht, gesichert werden.

Die Verringerung tritt nach dem klaren Wortlaut des Gesetzes für das Kalenderjahr ein, in dem der Inlandabsatz vernachlässigt ist. Die Kontingentabgabe von dem überschießenden Auslandabsatz kann allerdings erst erhoben werden, wenn nach Jahresschluß der tatsächliche Inland- und Auslandabsatz des Werkes während des abgelaufenen Kalenderjahres festgestellt worden ist.

Wenn der Fall des Abs. 6 vorliegt, kann sich der Kaliwerksbesitzer selbstverständlich nicht auf Abs. 4 berufen.

Abgesehen von dem Falle des Abs. 6 besteht keine gesetzliche Verpflichtung zum tatsächlichen Absatz der der Beteiligungsziffer entsprechenden Salzmenge.

Wegen Anwendung des Abs. 6 auf Vereinigungen von Kaliwerksbesitzern vgl. AusfBest. z. II. Abschn. (zu § 7) Ziff. 3 und Anm. 3 zu § 6.

§ 9. Grundsätze für die Festsetzung der Beteiligungsziffern.

Die Beteiligungsziffern werden in Tausendsteln des Gesamtabsatzes ausgedrückt. Eine Teilung der Tausendstel darf nur nach dem Dezimalsystem erfolgen.

Maßgebend für die Höhe der Beteiligungsziffern sollen die Ausdehnung und die Beschaffenheit der durch Grubenbaue und Bohrungen erschlossenen Kalisalzlager sowie die Leistungsfähigkeit der Betriebseinrichtungen sein.[1]

Für jedes Kaliwerk wird nur eine Beteiligungsziffer festgesetzt.[2]

Entw. § 23; Begr. S. 22 f., KB. S. 39 f., 68 f.; StenBer. S. 3006, 3012, 3023 f.

1. Weitere Grundsätze für die Festsetzung der Beteiligungsziffern stellt der Bundesrat auf (§ 51). Die AusfBest. v. 9. 7. 1910 enthalten nur einen Grundsatz für die Bemessung der erstmaligen Beteiligungsziffer solcher Werke, die bereits vor Verkündung des Gesetzes lieferungsfähig geworden, indessen in der dem Gesetz beigefügten Beteiligungs-

tabelle nicht aufgeführt sind. (AusfBest. z. II. Abschn., zu §§ 8 ff., Ziff. 3).

Ein Antrag, im Abs. 2 auch die „geographische Lage" des Werkes zu erwähnen, ist bei der zweiten Beratung im Reichstag abgelehnt worden. StenBer. S. 3024 B.

2. Die Beteiligungsziffer wird für das Kaliwerk, nicht für den Kaliwerksbesitzer festgesetzt. Ein Kaliwerksbesitzer kann also mehrere Beteiligungsziffern haben. „Kaliwerk" vgl. Anm. 1 zu § 6.

§ 10.[1]

Werden aus einem Kaliwerke mehrere Kaliwerke gebildet, so gelten diese, auch wenn sie durch Zukauf fremder Feldesteile erweitert werden, nur dann als selbständige mit besonderen Beteiligungsziffern auszustattende Werke, wenn sie

1. nach Lage der geologischen Verhältnisse und nach den durch Grubenbaue und Bohrungen gemachten Aufschlüssen jährlich mindestens 50000 Doppelzentner reines Kali (K_2O)[2] 50 Jahre hindurch zu liefern vermögen,
2. derart mit technischen Einrichtungen ausgerüstet sind, daß sie eine ihrer Beteiligungsziffer entsprechende Rohsalzmenge fördern und versenden können.

Entw. § 24; Begr. S. 23 f.; KB. S. 40 f., 69 f.; StenBer. S. 3024 f.

1. Im allgemeinen liegt es im Ermessen des Bergwerksbesitzers, der ein Kalibergwerk (wegen dieses Begriffs vgl. Anm. 1 zu § 6) mit mehreren Förderschachtanlagen besitzt, aus diesem Kaliwerk mehrere selbständige d. h. zu dem Anspruch auf besondere Beteiligungsziffern berechtigende

Kaliwerke zu bilden, vorausgesetzt, daß die Förderschächte nicht, wie das bei den sog. Doppelschachtanlagen regelmäßig der Fall ist, in einem untrennbaren betrieblichen Zusammenhange stehen.

Die Rechtsform ist, soweit verliehenes Bergwerkseigentum oder eine diesem gleichgestellte Bergbauberechtigung in Frage kommt, die Feldesteilung oder der Feldesaustausch (vgl. z. B. § 51 des Preuß. Allgem. Berggef. v. 24. Juni 1865).

Der unwirtschaftlichen Neugründung von Kaliwerken auf diesem Wege will § 10 entgegenwirken. KB. S. 41. Er trifft auch den Fall, daß die durch die Teilung entstehenden Kaliwerke nicht in der Hand desselben Besitzers bleiben.

Entstehen neue Kaliwerke auf anderem Wege, so ist die Gewährung einer Beteiligungsziffer an sich nicht durch die Voraussetzungen unter Ziff. 1 und 2 bedingt. Das Fehlen dieser Voraussetzungen wirkt indessen auf die Bemessung der Höhe der Beteiligungsziffer ein, und zwar das Fehlen der Voraussetzung zu 2 wohl immer derart, daß die Beteiligungsziffer gleich Null zu bemessen ist.

2. Das ist etwa die Absatzmenge, die im Kalenderjahre 1909 von dem mit der kleinsten Beteiligungsziffer ausgestatteten Kaliwerke erzielt worden ist. KB. S. 41.

§ 11.

Für einen zweiten auf demselben Werke hergestellten, mit dem Hauptschachte durchschlägigen förderfähigen Schacht wird vom 1. Januar 1912 ab ein Zuschlag zur Beteiligungsziffer gewährt, welcher 10 vom Hundert der durchschnittlichen Beteiligungsziffer aller Werke beträgt. Für zweite Schächte, die nach dem 1. Januar 1912 förderfähig werden, tritt der Zuschlag mit dem Tage in Kraft, an welchem der Durchschlag mit dem Hauptschacht erfolgt ist.

KB. S. 41, 69f.; StenBer. S. 3024f.

Nach den zurzeit in Preußen geltenden bergpolizeilichen Grundsätzen müssen Kalibergwerke im Sicherheitsinteresse regelmäßig mit zwei fahrbaren Ausgängen versehen sein.

Dem Zweischachtzwang ist aber regelmäßig auch dann genügt, wenn der zweite fahrbare Ausgang sich in erreichbarer Nähe auf einem durchschlägigen Nachbarwerk befindet.

Mit Rücksicht hierauf sind zur Abwendung der mit dem Abteufen eines zweiten Schachtes verbundenen wirtschaftlichen Nachteile vielfach Feldesteilungen unter Übertragung eines Feldesteils an eine neu gegründete Gewerkschaft vorgenommen worden. Der von dieser abgeteufte, in Verbindung mit dem Schacht des Stammbergwerkes die bergpolizeilichen Forderungen erfüllende neue Schacht wurde gegenüber dem Kalisyndikat als Grundlage für den Anspruch auf eine besondere Beteiligungsquote verwendet.

Ein solches Verfahren ist auch gegenüber dem Kaligesetz nicht ausgeschlossen, nur an die Einschränkungen des § 10 geknüpft.

Der im § 11 vorgesehene Zuschlag zur Beteiligungsziffer stellt eine Prämie für solche Kaliwerke dar, die freiwillig oder infolge bergpolizeilichen Zwanges zum Zweischachtsystem übergegangen sind, ohne jeden der beiden — förderfähigen — Schächte zur Grundlage der Bildung eines besonderen Kaliwerks zu machen. KB. S. 70. Auch schon das Kalisyndikat zahlte für sog. Polizeischächte Entschädigung.

Für einen etwaigen dritten förderfähigen Schacht wird nach dem Gesetz kein weiterer Zuschlag gewährt.

§ 12. Vorläufige Beteiligungsziffern.[1]

Besitzern solcher Kaliwerke, die nach Verkündung des Gesetzes lieferungsfähig werden, wird für die ersten zwei Jahre, nachdem das Kalisalzlager durch Grubenbaue erreicht worden ist, und wenn bis dahin

eine genügende Klärung der Lagerungs- und Betriebsverhältnisse noch nicht erfolgt ist, bis zu dieser Klärung eine vorläufige Beteiligungsziffer gewährt, die in der Höhe zu bemessen ist, daß sie eine ordnungsmäßige Aufschließung und Vorrichtung der Lagerstätte gestattet. Die vorläufige Beteiligungsziffer darf 50 vom Hundert der durchschnittlichen Beteiligungsziffer aller Werke nicht übersteigen.

Nach Klärung der Lagerungs- und Betriebsverhältnisse, jedoch frühestens nach Ablauf von zwei Jahren, seit das Kalisalzlager durch Grubenbaue erreicht worden ist, wird für solche Werke eine endgültige Beteiligungsziffer festgesetzt. Diese Beteiligungsziffer wird für das dritte Jahr, nachdem das Kalilager durch Grubenbaue erreicht worden ist, um 30 vom Hundert, für das vierte Jahr um 20 vom Hundert und für das fünfte Jahr um 10 vom Hundert gekürzt.

Kaliwerke, die sich im Eigentum und Betriebe des Reichs oder eines Bundesstaats[2] befinden oder[3] an denen das Reich oder ein Bundesstaat[2] mit mindestens einem Drittel beteiligt ist, erhalten bis zur Klärung der Lagerungs- und Betriebsverhältnisse eine vorläufige Beteiligungsziffer im Sinne des Abs. 1 und sobald diese Klärung erfolgt ist, eine endgültige Beteiligungsziffer; die Beschränkungen des Abs. 2 finden auf diese Werke keine Anwendung. Dasselbe gilt von anderen Werken, die vor dem 17. Dezember 1909[4] mit dem Schachtabteufen begonnen oder nachweisbar ernstliche Vorarbeiten dazu getroffen haben,[5] sofern sie das Abteufen oder die Vorarbeiten ohne schuldhafte Verzögerung[6] fortgesetzt haben.

Entw. § 26; Begr. S. 24f.; KB. S. 46ff., 70f.; StenBer. S. 2985 A, 2989 A, 3001 C u. D, 3026f.

1. Wenn mit den Grubenbauen das Kalisalzlager erreicht ist, kann das Kaliwerk in der Regel als lieferungsfähig gelten. Die Lagerungs- und Betriebsverhältnisse sind aber in diesem Zeitpunkt regelmäßig noch nicht so weit geklärt, daß ausreichende Grundlagen für die Festsetzung der endgültigen Beteiligungsziffer (§ 9 Abs. 2) vorhanden wären. Ferner kommt es in den ersten Jahren weniger darauf an, bereits Abbau zu treiben, als die Lagerstätte aufzuschließen und vorzurichten. Von diesen Gesichtspunkten aus hatte bereits der Regierungsentwurf (§ 26) die Gewährung einer vorläufigen Beteiligungsziffer bis zur Klärung der Lagerungs- und Betriebsverhältnisse, mindestens aber für zwei Jahre, vorgesehen, die nur so hoch bemessen werden sollte, daß sie eine ordnungsmäßige Aufschließung und Vorrichtung der Lagerstätte gestattete. Entw. S. 24f.

In der Kommission hat das Bestreben, die Neugründung von Kaliwerken zu erschweren, an dieser Stelle eingesetzt und zu einer wesentlichen Verschärfung der Bestimmungen des Regierungsentwurfs geführt. Neu ist insbesondere, daß auch nach Festsetzung der endgültigen Beteiligungsziffer diese nicht sogleich in voller Höhe gewährt, sondern bis zum Ablauf des fünften Jahres nach bestimmten Regeln gekürzt wird. KB. S. 48.

Für Besitzer von Kaliwerken, die schon vor Verkündung des Gesetzes lieferungsfähig geworden, aber nicht in der dem Gesetz beigefügten Tabelle aufgeführt sind, ist alsbald eine endgültige Beteiligungsziffer festzusetzen; vgl. AusfBest. z. II. Abschn. (zu §§ 8ff.) Ziff. 3.

2. Bundesstaat im Sinne des Gesetzes ist auch das Reichsland Elsaß-Lothringen. KB. S. 48.

3. Die Worte: „die .... oder" sind offenbar überflüssig, denn wenn sich ein Kaliwerk im Eigentum und Betriebe des Reichs oder eines Bundesstaats befindet, so ist das Reich oder der Bundesstaat daran mit mindestens einem Drittel beteiligt.

4. Das ist der Tag der Veröffentlichung des ersten preußischen Entwurfs des Kaligesetzes im Reichsanzeiger. Wer nach diesem Termin noch mit Schachtabteufen begonnen hat, hat sich sagen müssen, daß er gewisse Nachteile werde in Kauf nehmen müssen. KB. S. 71.

5. Was als Beginn des Schachtabteufens und was als eine ernstliche Vorarbeit zu diesem anzusehen ist, ist Tatfrage und in jedem einzelnen Falle von der Verteilungsstelle zu prüfen und zu entscheiden. KB. S. 70f. StenBer. S. 3028.

6. Da eine Pflicht zur Fortsetzung des Abteufens oder der Vorarbeiten nicht besteht, so ist eine Verzögerung niemals „schuldhaft" im eigentlichen Sinne. Nach der vermutlichen Absicht des Gesetzes (vgl. KB. S. 70f.) dürfte indessen eine Verzögerung als schuldhaft anzusehen sein, wenn deren Gründe im Bereiche der freien Willensbestimmung des Werksbesitzers liegen.

§ 13.[1] Kürzung der Beteiligungsziffern.

Sinkt auf auf einem Kaliwerke der innerhalb einer Arbeiterklasse[2] im Jahresdurchschnitte[3] für eine regelmäßige Arbeitsschicht[4] gezahlte Lohn unter den für diese Klasse im Durchschnitt der Kalenderjahre 1907 bis 1909 gezahlten Lohn, so tritt für das folgende Jahr eine Kürzung der Beteiligungsziffer des Werkes im gleichen Verhältnis ein, in dem der Lohn der von der Lohnverminderung am stärksten betroffenen Arbeiterklasse[2] gesunken ist.

Eine Kürzung der Beteiligungsziffer tritt ferner ein,[5] wenn bei einer Arbeiterklasse die regelmäßige Arbeitszeit[6] über die im Jahre 1909 üblich gewesene verlängert wird, und zwar im Verhältnis der Verlängerung bei der am stärksten betroffenen Arbeiterklasse.[2]

Die Kürzung der Beteiligungsziffer beträgt mindestens 10 vom Hundert.

Wenn Kaliwerke im Jahre 1909 noch nicht im Betriebe waren oder einzelne Arbeitsarten auf dem Werke erst nach Beginn des Jahres 1909 in Angriff genommen sind, oder wenn sich die Arbeitsbedingungen auf dem Werke gegenüber denen im Jahre 1909 wesentlich geändert haben, tritt die Kürzung ein, wenn die Lohnverhältnisse oder die Schichtdauer im Jahresdurchschnitte nach Aufnahme des Abbaubetriebs ungünstiger waren, als sie in den Jahren 1907 bis 1909 auf anderen Kaliwerken mit ähnlichen Verhältnissen im Jahresdurchschnitte gewesen sind.[5]

KB. S. 42 ff., 71 f.; StenBer. S. 2989, 2998 D, 3001 f., 3006, 3028 ff.

1. Die §§ 13 bis 16 sollen der Gefahr vorbeugen, daß die Kaliindustrie die durch das Gesetz festgelegte Ermäßigung der Inlandpreise auf die Arbeiter abschiebt. StenBer. S. 3032 B. Ein Antrag, der bezweckte, den Arbeitern einen Lohnaufschlag von 5 v. H. zu sichern, wurde in der Kommission abgelehnt.

2. Den an sich unbestimmten Begriff „Arbeiterklasse" näher festzustellen, ist Sache der AusfBest. des Bundesrats, die zu diesem Punkte noch nicht erlassen sind. In der Reichstagskommission (KB. S. 72) schien der Mehrheit und den Regierungsvertretern die Bildung folgender Klassen geeignet:

1. Klasse: unter Tage beschäftigte eigentliche Bergarbeiter;
2. „ unter Tage beschäftigte sonstige Arbeiter;
3. „ über Tage beschäftigte erwachsene männliche Arbeiter;
4. „ die Fabrikarbeiter einschl. der jugendlichen männlichen Arbeiter und der Arbeiterinnen.

3. d. h. im Durchschnitte eines Kalenderjahres.

4. Durch „regelmäßige Arbeitsschicht" soll zum Ausdruck gebracht werden, daß nicht außergewöhnliche vorübergehende Verhältnisse — wie Überschichten, Arbeiten im Wasser, oder in hohen Temperaturen — maßgebend sein sollen, sondern normale Verhältnisse. „Regelmäßige Arbeitsschicht" ist die Normalschicht des Werkes. KB. S. 72. Feierschichten kommen ebenfalls bei Bestimmung des Jahresdurchschnitts nicht in Betracht. StenBer. S. 3032 C.

5. Und zwar, wie im Falle des Abs. 1, für das folgende Kalenderjahr.

6. Bei Feststellnng der „regelmäßigen Arbeitszeit" können ebensowenig wie bei Feststellung der „regelmäßigen Arbeitsschicht" (Anm. 4) außergewöhnliche, vorübergehende Verhältnisse, wie Überschichten usw. in Betracht kommen. Gemeint ist offenbar die durch die Arbeitsordnung festgesetzte tägliche Arbeitszeit. Hat diese sich im Laufe des Jahres 1909 geändert oder ändert sie sich im Laufe eines folgenden Kalenderjahres, so ist der Jahresdurchschnitt maßgebend (vgl. Abs. 4 „die Schichtdauer im Jahresdurchschnitt"). Dauerte z. B. die regelmäßige tägliche Arbeitszeit im ersten Halbjahr 8, im zweiten Halbjahr 9 Stunden, so ist eine $8^1/_2$ stündige Arbeitszeit der Vergleichung zugrunde zu legen.

7. Wenn ein Kaliwerk nur während eines Teiles des Jahres 1909 im Betriebe war, so dürfte Abs. 4 trotz des

scheinbar entgegenstehenden Wortlauts ebenfalls anzuwenden sein, da in diesem Falle ein vollständiger, zur Vergleichung geeigneter Jahresdurchschnitt fehlt. Die gegenteilige Auffassung würde damit nicht in Einklang zu bringen sein, daß Abs. 4 auch Anwendung findet, wenn einzelne Arbeitsarten auf dem Werke „erst nach Beginn des Jahres 1909" in Angriff genommen sind. Das würde keinen Sinn haben, wenn der Gesetzgeber auch einen unvollständigen Jahresdurchschnitt als zur Vergleichung geeignet angesehen hätte.

8. Z. B. die Lagerungs-, Wasser- oder Wetterverhältnisse des Bergwerks. „Arbeitsbedingungen" hat hier einen anderen Sinn, als im § 16.

9. War ein Bergwerk zwar während des ganzen Jahres 1909, aber noch nicht in den Jahren 1907/08 im Betriebe, sind einzelne Arbeitsarten noch nicht in den Jahren 1907/08, aber mit Beginn des Jahres 1909 in Angriff genommen worden, haben sich die Arbeitsbedingungen nicht gegenüber denen des Jahres 1909, wohl aber gegenüber denen der Jahre 1907/08 wesentlich geändert, so findet nach dem Wortlaut des Abs. 4 nicht dieser, sondern hinsichtlich der Lohnverhältnisse Abs. 1, hinsichtlich der Schichtdauer Abs. 2 Anwendung. Die Anwendung des Abs. 2 hinsichtlich der Schichtdauer ist auch unbedenklich, da für diese das Jahr 1909 als Vergleichsjahr gilt. Dagegen fehlt zur Anwendung des Abs. 1 hinsichtlich der Lohnverhältnisse ein vollständiger bzw. vergleichsfähiger Durchschnitt der Jahre 1907 bis 1909. Diese Unstimmigkeit ist dadurch entstanden, daß im § 13, der in seiner ursprünglichen Fassung (KB. S. 42) allgemein das Jahr 1909 als Vergleichsjahr bestimmte, an einzelnen Stellen „1909" durch „1907 bis 1909" ersetzt worden ist (KB. S. 45), aus dieser Änderung aber nicht die vollen Konsequenzen gezogen worden sind. Diese dürften nunmehr im Wege der Gesetzesauslegung zu ziehen und Abs. 4 trotz seines Wortlauts auch in den vorbezeichneten Fällen anzuwenden sein.

10. In diesem Falle ist also ausnahmsweise nicht das Kalenderjahr maßgebend, vielmehr bildet den Anfangspunkt der Jahresrechnung der Zeitpunkt der Aufnahme des Abbaubetriebes, zu dem bloße Aus- und Vorrichtungsarbeiten nicht zu rechnen sind.

11. Der Durchschnitt der Jahre 1907 bis 1909 auf dem ähnlichen Werke ist also auch hinsichtlich der Schichtdauer maßgebend, obwohl für diese unter normalen Verhältnissen (Abs. 2) nur das Jahr 1909 in Betracht kommt.

12. Die Kürzung der Beteiligungsziffer erfolgt durch die Verteilungsstelle unter Beteiligung von Arbeitervertretern (§ 30 Abs. 2), und zwar ohne daß es eines darauf gerichteten Antrages bedarf. Dies setzt eine gewisse Kontrolle der Arbeitsverhältnisse durch die Verteilungsstelle voraus. AusfBest. des Bundesrats über die Ausübung dieser Kontrolle sind zu erwarten (vgl. die Erklärung des preußischen Handelsministers KB. S. 44). Rechtsmittel § 32 Abs. 2.

§ 14.

Eine Kürzung der Beteiligungsziffer findet nicht statt,[1] soweit der Kaliwerksbesitzer nachweist, daß die Durchschnittslohnsätze weder bei den im Schichtlohn noch bei den im Gedinge ausgeführten Arbeiten gegenüber den Lohnsätzen für gleichartige in den Jahren 1907 bis 1909 ausgeführte Arbeiten[2] herabgesetzt worden sind.

KB. S. 42ff., 72f.; StenBer. S. 2989, 2998 D, 3001f., 3006, 3028ff.

1. Weder im Falle des Sinkens der subjektiven Lohnhöhe noch im Falle der Verlängerung der Arbeitszeit. In beiden Fällen ist, wenn nicht zugleich die objektive Lohnhöhe gesunken ist, auf eine Verminderung der Arbeitsleistung zu schließen. Eine Benachteiligung der Arbeiter liegt dann nicht vor und die Kürzung der Beteiligungsziffer wäre nicht gerechtfertigt. Der Nachweis, daß die objektive Lohnhöhe nicht gesunken ist, ist indessen dem Werksbesitzer auferlegt.

2. Fehlt es an einem zum Vergleich geeigneten Durchschnitt der Jahre 1907 bis 1909, so sind nach Analogie des § 13 Abs. 4 die Lohnsätze eines Werkes mit ähnlichen Verhältnissen zum Vergleich heranzuziehen. Vgl. auch Anm. 9 zu § 13.

§ 15.

Von der Erhöhung der Beteiligungsziffer, die infolge der Abzüge eintritt, bleiben die Kaliwerksbesitzer ausgeschlossen, deren Beteiligungsziffer eine Kürzung auf Grund des § 13 erfährt.

KB. S. 42ff., 73; StenBer. S. 2989, 2998D, 3001f., 3006, 3028ff.

Diese Bestimmung ist unanwendbar, wenn für alle Beteiligungsziffern die Voraussetzungen der Kürzung gegeben sind, denn daß die Gesamtzahl aller Beteiligungsziffern immer 1000 beträgt, ist eine mathematische Notwendigkeit. In einem solchen Falle kann indessen die Vorschrift entsprechend der Absicht des Gesetzgebers (KB. S. 73) dahin ausgelegt werden, daß nicht die Beteiligungsziffern, sondern die diesen entsprechenden Absatzmengen zu kürzen sind und bei Überschreitung der gekürzten Absatzmengen die Überkontingentsabgabe (§ 26) eintritt.

§ 16.

Die Bestimmungen der §§ 13 und 14 finden keine Anwendung auf die Kaliwerke, bei denen die Lohn- und Arbeitsbedingungen durch besondere zwischen den Kaliwerksbesitzern und der durch geheime Stimmabgabe festgestellten Mehrheit der be-

teiligten Arbeiter abgeschlossene Verträge[1] geregelt sind; die Verträge dürfen keine Bestimmungen enthalten, die das Vereinigungsrecht der Arbeiter verhindern oder verbieten.[2]

KB. S. 30ff., 43ff., 73f.; StenBer. S. 2989, 2998 D, 3001f., 3006, 3028ff.

1. § 16 ist bei der ersten Kommissionslesung in das Gesetz aufgenommen worden, nachdem Anträge, wonach der Bundesrat für verpflichtet erklärt werden sollte, den Abschluß von Tarifverträgen zwischen den Arbeitern und Werksbesitzern der Kaliindustrie auf der Grundlage eines Minimallohnes und eines Maximalarbeitstages zu fördern, abgelehnt worden waren. Durch § 16 wird ein gewisser Anreiz zum Abschluß von Tarifverträgen ausgeübt, da ein Werksbesitzer, der mit seinen Arbeitern einen den gesetzlichen Voraussetzungen genügenden Vertrag abschließt, der Gefahr einer Kürzung der Beteiligungsziffer auf alle Fälle entgeht.

2. Die Arbeitsordnung des Kaliwerkes darf ohnehin keine Bestimmungen enthalten, die „das Vereinigungsrecht der Arbeiter verhindern oder verbieten", vgl. § 134b Abs. 3 GewO. und die entsprechenden Bestimmungen der Landesberggesetze. Indessen darf die Arbeitsordnung durch Sondervertrag abgeändert werden. Ein solcher Sondervertrag darf — abgesehen von der Einschränkung der Vertragsfreiheit durch § 134c Abs. 2 GewO. — nicht die Umgehung der zwingenden Vorschriften der GewO. bezwecken oder einen Verstoß gegen sonstige Rechtsbestimmungen, gegen die guten Sitten oder das Ehrgefühl enthalten (vgl. Landmann, Kommentar z. GewO., 5. Aufl., Bd. II S. 351). Das ist bei einem Vertrage, der in das Vereinigungsrecht der Arbeiter eingreift, nicht ohne weiteres anzunehmen, insbesondere trifft § 153 GewO. nicht zu. Der Schlußsatz des § 16 ist daher nicht ohne Bedeutung.

Unter „Vereinigungsrecht" ist nicht nur das Recht zur Beteiligung an Vereinigungen behufs Erlangung günstiger Lohn- und Arbeitsbedingungen (§§ 152 f. GewO.), sondern auch das Recht zur Beteiligung an sonstigen Vereinen unpolitischen oder politischen Charakters zu verstehen.

§ 17. Geltung der Beteiligungsziffern.

Für die Kaliwerksbesitzer gelten bis zur Neufestsetzung die in der anliegenden Tabelle[1] aufgeführten Beteiligungsziffern. Eine Neufestsetzung der Beteiligungsziffern sämtlicher Kaliwerke auf Grund der Vorschriften dieses Abschnitts erfolgt mit der Wirkung, daß die neufestzusetzenden Beteiligungsziffern am 1. Januar 1912 in Kraft treten. Von da ab findet von fünf zu fünf Jahren eine Neufestsetzung der Beteiligungsziffern sämtlicher Kaliwerke statt.

Wird ein Kaliwerk dauernd[2] lieferungsunfähig, so erlischt seine Beteiligungsziffer; die Entscheidung darüber steht der Verteilungsstelle[3] zu.

Wird von einem Kaliwerke, für das eine Beteiligungsziffer festgesetzt ist, ein Teil des Abbaufeldes abgetrennt, so wird die Beteiligungsziffer neu festgesetzt.[4]

KB. S. 45 f., 47 f., 74; StenBer. S. 3040.

1. Die Tabelle entspricht der Beteiligungstabelle des bisherigen Kalisyndikats. Die diesem fern gebliebenen Werke sind mit den ihnen seinerzeit angebotenen, ihren Verhältnissen entsprechenden Beteiligungsziffern eingereiht. KB. S. 46.

2. Bei vorübergehender Lieferungsunfähigkeit (infolge Wassereinbruchs, Arbeiterausstands usw.) darf das Kaliwerk seine Beteiligungsziffer an ein anderes übertragen. KB. S. 74.

3. § 30.

4. Auch wenn sich in dem abgetrennten Feldesteil noch keine Grubenbaue oder Aufschlüsse befinden.

Bildet der abgetrennte Feldesteil ein den Voraussetzungen des § 10 genügendes Kaliwerk, so wird auch für dieses eine Beteiligungsziffer festgesetzt, unter Umständen allerdings zunächst nur eine vorläufige im Sinne des § 12. Es ist nicht grundsätzlich ausgeschlossen, daß die neufestgesetzten Beteiligungsziffern der durch die Teilung entstandenen Werke zusammen höher sind, als die Beteiligungsziffer des geteilten Werkes war.

Für Teilungen vor dem 1. Januar 1912 gilt § 48.

§ 18. Änderung der Beteiligungsziffern.

Eine Änderung der geltenden Beteiligungsziffern durch Umrechnung tritt ein:[1]

a) im Falle der Festsetzung einer vorläufigen oder endgültigen Beteiligungsziffer für ein neues Werk (§§ 8 bis 12),

b) im Falle des § 11,

c) im Falle der §§ 13 und 14,

d) im Falle der dauernden Lieferungsunfähigkeit eines Werkes,[2]

e) im Falle des § 17 Abs. 3,

f) im Falle der §§ 47 und 48.

Die Umrechnung hat die Verteilungsstelle[3] vorzunehmen.

KB. S. 74 f.; StenBer. S. 3041 A.

1. Bei der relativen Bedeutung der Beteiligungsziffern muß jede Festsetzung einer neuen oder Änderung einer bestehenden eine entsprechende Änderung aller andern Beteiligungsziffern zur Folge haben. Die Feststellung dieser Änderung durch die Verteilungsstelle trägt einen lediglich kalkulatorischen Charakter. KB. S. 75.

2. In diesem Falle erlischt die Beteiligungsziffer des Werkes (§ 17 Abs. 2).

3 Verteilungsstelle § 30, Rechtsmittel § 32 Abs. 2.

III. Abschnitt.

Übertragung von Beteiligungsziffern und Austausch.

§ 19.[1]

Kaliwerksbesitzer dürfen den ihnen zustehenden Anteil am Absatz ganz oder teilweise[2] auf andere Kaliwerke übertragen und die Befugnis zum Absatz einzelner Sorten untereinander austauschen.

Werden wegen Übertragung[3] von Beteiligungsziffern Arbeiter oder Beamte beschäftigungslos, ohne eine ihren Fähigkeiten entsprechende Arbeitsgelegenheit zu finden,[4] oder erleiden sie eine Verminderung ihres Arbeitsverdienstes,[5] so hat der übertragende Kaliwerksbesitzer ihnen den entstehenden Einnahmeausfall[6] bis zur Dauer von 26 Wochen zu ersetzen. Für Streitigkeiten hierüber zwischen Kaliwerksbesitzer und Arbeiter ist, wo ein Gewerbegericht oder ein Berggewerbegericht besteht, dieses zuständig.[7]

Übersteigt die Übertragung die Hälfte der Gesamtbeteiligung des übertragenden Kaliwerksbesitzers[8] an reinem Kali, so bedarf sie der Genehmigung der zuständigen Landeszentralbehörde.[9] Die Erteilung der Genehmigung ist von der Sicherstellung der im Abs. 2 genannten Entschädigungsansprüche abhängig zu machen.[10] Vor der Erteilung sind die beteiligten Gemeinden[11] zu hören.

Entw. §§ 29f.; Begr. S. 25f.; KB. S. 49ff., 75; StenBer. S. 2989 D, 2990 A, 2998 A, 3005 D, 3041 B.

1. Während der Austausch der Befugnis zum Absatz einzelner Kalisalzsorten die allgemeinen Interessen nicht berührt, führt die Übertragung der Beteiligungsziffer eines Kaliwerkes auf ein anderes, wenn ein gewisses Maß überschritten wird, zur Ablegung von Arbeitern, unter Umständen sogar zur Stillegung des Werkes und somit zu einer Schädigung derjenigen Gemeinden, welche mit Rücksicht auf das bestehende Werk gewisse Aufwendungen (Schulbauten, Wasserleitungsbauten usw.) gemacht haben. Ein bergrechtlicher Betriebszwang besteht nach den meisten Landesberggesetzen (vgl. §§ 65, 156ff. des preuß. Berggesetzes vom 24. Juni 1865) nur in einer Form, die ihm die praktische Bedeutung entzieht.

Die Übertragung der Beteiligungsziffern erscheint indessen in manchen Fällen aus betriebstechnischen oder wirtschaftlichen Gründen gerechtfertigt, obwohl damit allerdings auch ein Mißbrauch zu spekulativen Zwecken getrieben werden kann. KB. S. 50f.

Die Frage der Zulässigkeit der Quotenübertragung war ein regelmäßig wiederkehrender Streitpunkt bei den Verhandlungen über die Erneuerung des Kalisyndikats. Nach § 29 des Kalisyndikatsvertrages von 1909 war das Übertragungsrecht an sich anerkannt, doch bedurfte es bei Überschreitung eines gewissen Maßes für die preußischen Werke der Genehmigung des preußischen Handelsministers. Der Regierungsentwurf (§ 26) wollte die Übertragung weitergehenden Einschränkungen unterwerfen. Diese sind von der Kommission zum großen Teil fallen gelassen, dafür ist aber eine Verpflichtung der Kaliwerksbesitzer zur Entschädigung der durch die Übertragung beschäftigungslos werdenden Arbeiter festgestellt werden.

Bei Prüfung der rechtlichen Natur der Übertragung ist als unzweifelhaft zu unterstellen, daß das Gesetz nicht die Absicht gehabt hat, das Verhältnis der übertragenen Beteiligungsziffer zu dem ihre Grundlage bildenden Kaliwerke vollständig zu lösen. Wenn dies Werk lieferungsunfähig wird (§ 17 Abs. 2), wenn sein Abbaufeld verkleinert wird, (§ 17 Abs. 3), wenn auf ihm die Voraussetzungen der Kürzung der Beteiligungsziffer eintreten (§§ 13ff.), so treffen die Folgewirkungen die ganz oder teilweise übertragene Beteiligungsziffer. Dagegen kann diese nicht gekürzt werden, wenn die Voraussetzungen der Kürzung auf dem Werke eintreten, an das die Beteiligungsziffer übertragen ist. Demnach ist anzunehmen, daß bei Übertragung einer Beteiligungsziffer das aus deren Festsetzung entstandene Recht als solches dem übertragenden Werksbesitzer verbleibt und nur die Ausübung dieses Rechtes, soweit es den Absatz betrifft — also unter Ausschluß des Wahlrechts § 30 Abs. 1 AusfBest., VI. Abschn. Ziff. 11 Abs. 2 — dem andern überlassen wird.

2. Die Übertragung kann einen Teil des Gesamtkontingents, aber auch das Inlandkontingent, das Auslandkontingent, das Kontingent in einer bestimmten Sorte oder einen Teil dieser Kontingente zum Gegenstand haben.

3. Die Kürzung einer Beteiligungsziffer gemäß §§ 13 bis 16 in Verbindung mit der daraus folgenden Erhöhung der anderen Beteiligungsziffern ist nicht als Übertragung im Sinne des § 19 anzusehen. Dieser handelt nur von der rechtsgeschäftlichen Übertragung. Die Bestimmungen der Abs. 2 und 3 finden daher auf den Fall der Kürzung keine Anwendung.

4. Sie haben keinen Anspruch auf Beschäftigung auf einem anderen Kaliwerk oder auf Beschaffung einer sonstigen geeigneten Arbeitsgelegenheit, verlieren jedoch ihren Entschädigungsanspruch, wenn sie von dem Angebot einer solchen Arbeitsgelegenheit keinen Gebrauch machen. KB. S. 50, 75.

5. Die Verminderung des Arbeitsverdienstes muß ebenfalls in ursächlichem Zusammenhange mit der Quotenübertragung stehen. Sie kann für Arbeiter, die auf dem Kaliwerke bleiben, durch Einlegung von Feierschichten usw., für abgelegte Arbeiter dadurch herbeigeführt werden, daß diese nur eine Arbeitsgelegenheit mit geringerem Verdienste finden.

6. Wird den Arbeitern Beschäftigung auf einem entfernt liegenden Kaliwerk angeboten, so sind ihnen die durch den Umzug entstehenden Unkosten, soweit sie einen Einnahmeausfall darstellen, zu ersetzen. KB. S. 75.

7. „wo ein Gewerbegericht oder Berggewerbegericht besteht" soll wohl bedeuten: „sofern für die Entscheidung von gewerblichen Streitigkeiten zwischen den Arbeitern und dem Kaliwerksbesitzer ein Gewerbegericht oder Berggewerbegericht errichtet ist". Ein Gewerbegericht, das zwar seinen Sitz an dem Orte des Kaliwerks hat, aber nicht auch für den Kaliwerksbetrieb errichtet ist, kann nicht als zuständig angesehen werden.

Durch die Zuständigkeit eines Berggewerbegerichts wird die Zuständigkeit anderer Gewerbegerichte und der ordentlichen Gerichte, durch die Zuständigkeit eines Gewerbegerichts die Zuständigkeit der ordentlichen Gerichte ausgeschlossen (§ 82 Abs. 2 Ziff. 2, § 6 Abs. 1 des Gewerbegerichtsgesetzes i. d. F. der Bek. v. 29. 9. 01, RGBl. S. 353).

Für Ersatzansprüche der Beamten sind die ordentlichen Gerichte zuständig. Vgl. jedoch die Ausdehnung des Begriffes „Arbeiter" auf Beamte, deren Jahresarbeitsverdienst 2000 Mk. nicht übersteigt, in § 3 Abs. 2 des Gewerbegerichtsgesetzes.

Für den größten Teil des Kalibergbaues bestehen übrigens zurzeit keine Gewerbegerichte oder Berggewerbegerichte, so daß die Zuständigkeit der ordentlichen Gerichte eintritt.

8. Besitzt ein Kaliwerksbesitzer mehrere Werke, so ist der Berechnung selbstverständlich nur die Gesamtbeteiligung des Werkes zugrunde zu legen, dessen Beteiligungsziffer übertragen werden soll.

Bei Prüfung, ob eine Übertragung die Hälfte der Gesamtbeteiligung übersteigt, sind auch schon früher vorgenommene Übertragungungen, die noch wirksam sind, zu berücksichtigen, z. B. bedarf, wenn schon ein Drittel der Beteiligungsziffer übertragen ist, die Übertragung des zweiten Drittels der Genehmigung.

Bei einer Quotenübertragung und gleichzeitigem Quotenaustausch kommt nur die Differenz in Anrechnung. KB. S. 50f.

9. Die Zuständigkeit bestimmt sich nach der Behördenorganisation der einzelnen Bundesstaaten.

10. Die Genehmigung kann auch von anderen Bedingungen abhängig gemacht werden, insbesondere von gewissen Leistungen an die geschädigten Betriebsgemeinden und der Sicherstellung dieser Leistungen. KB. S. 51. Die wirtschaftlichen Gründe der Übertragung können aber für die Erteilung der Versagung oder Genehmigung nicht maßgebend sein.

11. d. h. die Gemeindevertretungen. KB. S. 50.

Die Gemeinden werden übrigens nicht immer durch die Übertragung der Beteiligungsziffer einen Steuerausfall erleiden, da die Werke ihre Beteiligungsziffer oft nur deshalb verkaufen, um den Betrieb einträglicher zu gestalten, also höhere steuerfähige Gewinne zu erzielen. KB. S. 50, StenBer. S. 2998 D.

IV. Abschnitt.

Verkaufspreise.

§ 20. Inlandspreise.

Die Verkaufspreise der Kaliwerksbesitzer[1] für Lieferung von Kalisalzen für das Inland[2] dürfen über folgende Sätze ab Werk nicht hinausgehen:

I.	Carnallit mit mindestens 9 % und weniger als 12 % K_2O	in gemahlenem Zustande	8,5 Pf.	für 1 % Kali (K_2O) im Doppelzentner.[3,4]
II.	Rohsalze mit 12 bis 15 % K_2O	in gemahlenem Zustande	10,0 "	
III.	Düngesalze mit 20 bis 22 % K_2O		14,0 "	
	" " 30 " 32 " K_2O		14,5 "	
	" " 40 " 42 " K_2O		15,5 "	
	Die Preisberechnung erfolgt auf ganze Prozente. Bruchteile eines Prozents bleiben außer Betracht.			
IV.	Chlorkalium mit 50 bis 60 % K_2O		27,0 Pf.	
	" " über 60 % K_2O . .		29,0 "	
V.	Schwefelsaures Kali mit über 42 % K_2O		35,0 "	
	Schwefelsaure Kalimagnesia		31,0 "	

Für Kalisalze, die im Abs. 1 nicht angegeben sind, bestimmt der Bundesrat den Höchstpreis entsprechend den vorstehenden Preisfestsetzungen.

Die vorstehenden Höchstpreise gelten bis 31. Dezember 1913. Für die Folgezeit werden die Höchstpreise von fünf zu fünf Jahren nach Anhörung von Vertretern der Kaliwerksbesitzer und der Verbraucher[5] durch den Bundesrat festgesetzt. Eine Erhöhung bedarf der Zustimmung des Reichstags. Bis zur Festsetzung neuer Preise bleiben die geltenden in Kraft.

KB. S. 22ff., 75f.; StenBer. S. 2985f., 2998, 3034ff.

1. Händler sind in der Preisstellung nicht beschränkt.

2. Die Preissätze gelten sowohl für die Landwirtschaft als auch für die Industrie.

3. Die Gruppen I bis V entsprechen den Handelsmarken des Kalisyndikats. Die Höchstpreise der Gruppen I bis III liegen annähernd 10 v. H. unter den bisherigen Preisen.

4. Der Verkauf zu höheren Preisen unterliegt der Strafbestimmung in § 36. Strafbar ist selbstverständlich nur der Verkäufer, nicht der Käufer.

5. Die Auswahl der anzuhörenden Vertreter liegt im Ermessen des Bundesrates.

§ 21. Abzüge.

Der Bundesrat kann bestimmen,[1] daß den Abnehmern größerer Mengen[2] Kalisalze ein entsprechender Abzug zu gewähren ist; ferner, daß den Abnehmern ein Abzug für Barzahlung, für Prüfung der Probemäßigkeit der gelieferten Waren und für Mitwirkung bei der Förderung des Kaliabsatzes zu gewähren ist. Allen Abnehmern steht es frei, sich zur Erlangung vorstehender Abzüge zu Vereinigungen[3] zusammenzuschließen. Bei gleichen Voraussetzungen darf eine unterschiedliche Behandlung der Abnehmer hinsichtlich der Abzüge nicht stattfinden.[4, 5]

KB. S. 25ff., 76f.; StenBer. S. 2989 A, 2998 C, 3041ff.

1. AusfBest. z. IV. Abschn. (zu §§ 21 u. 24).

2. „Größerer Mengen" ist statt „großer Mengen" gesetzt worden, um nicht den Mittelhandel auszuschalten. KB. S. 26.

3. Auch zu Vereinigungen, die nicht Rechtsfähigkeit besitzen. StenBer. S. 3041ff.

Das bisherige Kalisyndikat hat Händlervereinigungen keine Rabatte bewilligt und die Händler sogar vertraglich verpflichtet, sich nicht zu Vereinigungen zusammenzuschließen (KB. S. 26).

4. Eine Bevorzugung der Landwirtschaft vor dem Handel und der Industrie ist also ausgeschlossen (KB. S. 26f.). Dagegen liegen bei ausländischen Abnehmern nicht die gleichen Voraussetzungen vor, wie bei inländischen.

5. Der Kaliwerksbesitzer darf selbstverständlich den inländischen Abnehmern auch höhere als die vom Bundesrat festgesetzten Rabatte gewähren.

§ 22. Frachtenausgleich.[1]

Bei der Berechnung der den inländischen Empfängern zur Last fallenden Frachten findet ein Frachtenausgleich unter Zugrundelegung von mindestens drei Ausgangsstationen und für Empfangsorte, die mehr als 500 Kilometer von der der Frachtberechnung zu Grunde gelegten Ausgangsstation entfernt sind, eine Frachtvergütung nach näherer Bestimmung des Bundesrats statt.

Der Frachtenausgleich und der Ausgleich der Frachtvergütungen erfolgt durch die Verteilungsstelle[2] für Rechnung sämtlicher Kaliwerke nach Maßgabe ihres Inlandabsatzes.

KB. S. 25ff., 77f.; StenBer. S. 2987C, 3005B u. C, 3011D, 3044C.

1. Es war ein feststehender Verkaufsgrundsatz des Kalisyndikats, die Frachten nicht mit den tatsächlich verauslagten Beträgen, sondern unter Zugrundelegung von zwei fiktiven Ausgangsstationen (Staßfurt oder Vienenburg) den Empfängern in Rechnung zu stellen. Diesen Grundsatz übernimmt das Gesetz mit der Maßgabe, daß an Stelle der zwei mindestens drei Ausgangsstationen treten sollen. Durch die AusfBest. z. IV. Abschn. (zu § 22) Ziff. 1 ist als dritte unter Berücksichtigung der Interessen der süddeutschen Verbraucher Salzungen bestimmt. Außerdem soll dem Interesse der vom Kalibergbau weitabliegenden Verbrauchsorte dadurch Rechnung getragen werden, daß bei Entfernungen von mehr als 500 km eine Frachtvergütung gewährt wird.

AusfBest. z. IV. Abschn. (zu § 22) Ziff. 1 bis 5.

2. Verteilungsstelle § 30. Rechtsmittel § 32 Abs. 2.

§ 23. Sicherung gegen Untergehalt.

Die Kaliwerksbesitzer sind verpflichtet, gleichzeitig mit den Lieferungen den Gehalt an reinem Kali anzugeben.[1] Die zulässigen Abweichungen von dem angegebenen Gehalte, die Art der Feststellung des Untergehalts und die für Untergehalt den Abnehmern zu gewährende Vergütung bestimmt der Bundesrat.[2] Die Analyse der auf dem Werke gezogenen Probe soll nicht ausschließlich maßgebend sein.[3, 4]

KB. S. 59, 78; StenBer. S. 2987 D, 2988, 3044 D.

1. D. h. den Abnehmern, und zwar wohl nur den inländischen Abnehmern.

2. Ist noch nicht geschehen.

3. Nach der Praxis des Kalisyndikats war sie in der Regel ausschließlich maßgebend.

4. Strafbestimmung § 39. Zwangsverfahren § 41.

§ 24.[1]

Die Preise für Verkäufe und Lieferungen von Kalisalzen nach dem Ausland dürfen nicht niedriger sein, als die in den §§ 20 und 21[2] für das Inland festgesetzten Inlandspreise.[3]

Ausnahmen sind mit Genehmigung des Bundesrats zulässig.[4]

Entw. § 21 Abs. 2; Begr. S. 22; KB. S. 27f., 78f.; StenBer. S. 2985 C, 2998 D, 3044 C.

1. Eine gleiche Bestimmung war im Interesse der Wettbewerbsfähigkeit der heimischen Landwirtschaft und Industrie schon in § 21 Abs. 2 des Regierungsentwurfs vorgesehen. Begr. S. 22.

2. Die Höchstpreise für das Inland (§ 20) sind also zugleich Mindestpreise für das Ausland, jedoch dürfen die Abzüge, die nach Bestimmung des Bundesrats — § 21, AusfBest. z. IV. Abschn. (zu §§ 21 u. 24) Ziff. 1 — inländischen Abnehmern bei Abnahme größerer Mengen und bei Barzahlung zu gewähren sind, unter gleichen Bedingungen auch ausländischen Abnehmern gewährt werden. Die Abzüge für Prüfung der Probemäßigkeit der gelieferten Waren und für Mitwirkung bei Förderung des Kaliabsatzes kommen dagegen dem Auslande nicht zustatten. KB. S. 28.

3. Strafbestimmung § 36.

4. Vgl. AusfBest. z. IV. Abschn. (zu §§ 21 u. 24) Ziff. 2.

§ 25.

Der Bundesrat bestimmt, unter welchen Bedingungen die für die Inlandspreise geltenden Vorschriften auf die Lieferungen nach deutschen Schutzgebieten Anwendung finden.

KB. S. 27f., 79; StenBer. S. 3044 C.

Die deutschen Schutzgebiete sind an sich als Ausland anzusehen, vgl. Anm. 1 zu § 4. Im Interesse der wirtschaftlichen Förderung der Schutzgebiete liegt es indessen, daß auch die dortigen Kaliabnehmer, soweit möglich, der den inländischen Abnehmern gewährten Vorteile teilhaft werden. Vgl. AusfBest. z. IV. Abschn. (zu § 25).

V. Abschnitt.

Abgaben.

§ 26.

Soweit ein Kaliwerksbesitzer die ihm zustehende Absatzmenge von Kalisalzen überschreitet,[1] hat er für die darüber hinausgehenden Mengen eine in die Reichskasse fließende Abgabe zu entrichten.

Die Abgabe beträgt für den Doppelzentner reines Kali (K_2O)

bei Gruppe I und II (§ 20)	10 Mark,
bei Gruppe III	
Düngesalze mit 20 bis 22 % K_2O	13 „
„ „ 30 „ 32 „ K_2O	14 „
„ „ 40 „ 42 „ K_2O	16 „
bei Gruppe IV und V	18 „ [2,3]

Für Kalisalze, die im Abs. 2 nicht angegeben sind, bestimmt der Bundesrat die Abgabe entsprechend den vorstehend festgesetzten Abgaben.

KB. S. 51 ff., 79 ff.; StenBer. S. 2985 B, 2979 A, 3044 ff., 3046 C.

1. D. h. sowohl wenn er sein Inlandkontingent, als auch wenn er sein Auslandkontingent, als auch wenn er sein Kontingent in den einzelnen Kalisalzsorten überschreitet.

2. Die Abgabensätze sind so bemessen, daß sie einerseits nicht prohibitiv wirken, andrerseits nicht zu einer Kontingentsüberschreitung anreizen sollen. An Stelle des in der ersten Kommissionslesung beschlossenen Einheitssatzes von 16 Mk. für den Doppelzentner reines Kali ist in der zweiten Kommissionslesung eine Staffelung nach Gruppen getreten, die sich durch die verschiedene Belastungsfähigkeit der verschiedenen Kalisalzsorten rechtfertigt. KB. S. 81; StenBer. S. 2985, 3046.

3. Der Abgabepflicht unterliegen auch Lieferungen auf Grund von Verträgen, die vor dem Inkrafttreten des Gesetzes abgeschlossen sind. Bei Ausführung der vor dem 17. Dezember 1909 abgeschlossenen Lieferungsverträge kann indessen eine Ermäßigung der Abgabe eintreten (§ 46).

Eine Ermäßigung kann auch bei Lieferung von Rohsalzen an die bestehenden Sonderfabriken nach näherer Bestimmung des § 49 stattfinden.

§ 27.

Jeder Kaliwerksbesitzer hat eine in die Reichskasse fließende Abgabe von 0,60 Mark für jeden Doppelzentner reines Kali seines Gesamtabsatzes [1] zu entrichten.

Die Einkünfte aus dieser Abgabe sind zur Deckung der dem Reiche aus der Ausführung dieses Gesetzes entstehenden Kosten und zur Hebung des Kaliabsatzes zu verwenden. [2] Die Einnahmen und Ausgaben sind in den Reichshaushalts-Etat einzustellen.

KB. S. 53 f., 79 ff.; StenBer. S. 2985 C, 2999 A, 3049 D.

1. Auch von der Absatzmenge, die der Überkontingentsabgabe (§ 26) unterliegt.

2. D. h. in erster Linie zur Deckung der dem Reiche entstehenden Kosten (vgl. z. B. § 28 Abs. 2, § 44) und

erst in zweiter Linie zur Hebung des Kaliabsatzes. Eine Verwendung zu anderen Zwecken erscheint ausgeschlossen. StenBer. S. 2985, 2999.

§ 28.

Die Abgaben (§§ 26 und 27) werden mit dem Tage des Absatzes[1] fällig.

Die Erhebung der Abgaben erfolgt durch die Landesbehörden nach den für die Erhebung von öffentlichen Abgaben geltenden Bestimmungen.[2] Für die hierdurch und durch ihre sonstige Mitwirkung bei Ausführung des Gesetzes den Bundesstaaten erwachsenen Kosten wird ihnen vom Reiche eine Vergütung gewährt.[3]

KB. S. 55, 79ff.; StenBer. S. 3049 D.

1. Vgl. § 3.
2. Vgl. AusfBest. z. V. Abschn. Ziff. 1 bis 4.
3. § 51 Abs. 1, AusfBest. z. V. Abschn. Ziff. 5.

§ 29. Verjährung.

Ansprüche auf Zahlung oder Erstattung der Abgaben verjähren in einem Jahre von dem Tage des Eintritts der Abgabepflicht[1] ab. Der Anspruch auf Nachzahlung eines hinterzogenen Abgabebetrags verjährt in drei Jahren.

Die Verjährung wird durch jede von der zuständigen Behörde zur Geltendmachung des Anspruchs gegen den Zahlungspflichtigen gerichtete Handlung unterbrochen.

KB. S. 55, 79ff. StenBer. S. 3049 D.

1. § 28 Abs. 1.

VI. Abschnitt.

Verteilungsstelle, Berufungskommission.

§ 30. Verteilungsstelle.[1]

Die Verteilungsstelle besteht aus einem Vorsitzenden und 6 Beisitzern. Der Vorsitzende und 2 Beisitzer sowie deren Vertreter werden vom Reichskanzler unter Zustimmung des Bundesrats ernannt. Sie dürfen weder Anteile privater Kaliwerke besitzen, noch an deren Erträgnis beteiligt sein.[2] Die übrigen Beisitzer der Verteilungsstelle und deren Vertreter werden von den Kaliwerksbesitzern gewählt.[3]

Bei der Entscheidung der Verteilungsstelle über die Kürzungen (§ 13) der Beteiligungsziffer wirken an Stelle zweier der vier von den Kaliwerksbesitzern gewählten Beisitzer[4] zwei Beisitzer mit, die von den Arbeitervertretern der Knappschafts-Berufsgenossenschaft (§§ 113, 114 des Gewerbe-Unfallversicherungsgesetzes)[5] nach näheren Bestimmungen des Bundesrats[6] aus den beim Kalibergbau[7] beschäftigten Arbeitern gewählt werden.

KB. S. 29f., 81f.; StenBer. S. 3049 D.

1. Die Verteilungsstelle hat, weil sie eine auf Gesetz beruhende, mit öffentlich-rechtlichen Funktionen ausgestattete Einrichtung ist, den Charakter einer Behörde. KB. S. 58. Die Wahl der Beisitzer, die Einrichtung und das Verfahren der Verteilungsstelle ist auf Grund des § 51 Abs. 1 vom Bundesrat durch die AusfBest. z. VI. Abschn. Ziff. 1—9 und Ziff. 19—29 geregelt. Sie hat ihren Sitz in Berlin.

2. AusfBest. z. VI. Abschn. Ziff. 2.

3. AusfBest. z. VI. Abschn. Ziff. 10—12.

4. Welche Beisitzer auszuscheiden haben, wird durch das Los bestimmt. AusfBest. z. VI. Abschn. Ziff. 21.

5. Die Obliegenheiten der Arbeitervertreter werden bei der Knappschaftsberufsgenossenschaft von Knappschaftsältesten wahrgenommen, § 134 des Gewerbe-Unfallversicherungsgesetzes, § 34 des dritten Statuts der Knappschaftsberufsgenossenschaft.

6. AusfBest. z. VI. Abschn. Ziff. 13—18.

7. Unter Ausschluß der Nebenbetriebe und Fabriken vgl. AusfBest. z. VI. Abschn. Ziff. 16.

§ 31. Berufungskommission.[1]

Die Berufungskommission besteht aus fünf Mitgliedern, die vom Reichskanzler unter Zustimmung des Bundesrats ernannt werden. Für jedes Mitglied wird ein Stellvertreter bestellt. Die Mitglieder dürfen weder ein Kaliwerk oder Anteile privater Kaliwerke besitzen oder an deren Erträgnis beteiligt sein, noch der Verwaltung oder dem Aufsichtsrat eines Kaliwerks angehören.[2]

Entw. § 34; Begr. S. 27 f.; KB. S. 57 f., 82; StenBer. S. 3049 D.

1. Die Berufungskommission ist ebenso wie die Verteilungsstelle eine öffentliche Behörde. Die Einrichtung und das Verfahren der Berufungskommission ist auf Grund des § 51 Abs. 1 vom Bundesrat durch die AusfBest. z. VI. Abschn. Ziff. 1—9 und Ziff. 30—49 geregelt. Sie hat ihren Sitz in Berlin.

2. AusfBest. z. VI. Abschn. Ziff. 2.

§ 32. Anfechtung der Festsetzungen.

Gegen die Festsetzung der Verteilungsstelle gemäß § 7 steht dem Vorsitzenden innerhalb einer Ausschlußfrist[1] von einer Woche nach dem Tage der Festsetzung die Beschwerde an den Bundesrat zu.[2]

Gegen die Festsetzungen und Entscheidungen der Verteilungsstelle auf Grund der §§ 3, 8 bis 18 und 22 ist Berufung an die Berufungskommission (§ 31) zulässig.[3]

Sie ist innerhalb einer Ausschlußfrist[1] von einem Monat nach Zustellung[4] des Bescheids der Verteilungsstelle bei der Berufungskommission einzulegen.

KB. S. 49, 57f., 82f.; StenBer. S. 3049 D.

1. Ist die Frist versäumt, so finden die Vorschriften der Zivilprozeßordnung über die Wiedereinsetzung in den vorigen Stand entsprechende Anwendung. AusfBest. z. VI. Abschn. Ziff. 29 Abs. 2 und Ziff. 30 Abs. 2.

2. Die Bestimmung des Inlands- und Auslandskontingents und der Sortenmengen (§ 7 Abs. 1 Satz 3) ist ein wesentlicher Bestandteil der Gesamtfestsetzung und daher ebenso wie diese anfechtbar.

Eine Festsetzung gemäß § 7 ist auch die nachträgliche Erhöhung der festgesetzten Absatzmengen (§ 7 Abs. 2), dagegen nicht der Beschluß der Verteilungsstelle, die festgesetzte Absatzmenge nicht zu erhöhen. Letzteres ist eine „Entscheidung", aber keine „Festsetzung", nach Abs. 1 aber ist im Gegensatz zu Abs. 2 nur die „Festsetzung" anfechtbar.

Der einzelne Kaliwerksbesitzer hat gegen die Festsetzung gemäß § 7 kein Rechtsmittel.

Die Beschwerde hat nach allgemeinen prozessualen Grundsätzen (§ 705 ZPO.) aufschiebende Wirkung.

Sie ist beim Bundesrat einzulegen. AusfBest. zum VI. Abschn. Ziff. 29 Abs. 1.

Ein zweiter Fall, in dem Beschwerde an den Bundesrat gegen eine Entscheidung der Verteilungsstelle zulässig ist, ist durch die AusfBest. z. I. u. IX. Abschn. Ziff. 5 geschaffen. Das Beschwerderecht steht in diesem Falle dem von der Entscheidung betroffenen Kaliwerksbesitzer zu.

3. Die Form der Einlegung der Berufung ist durch die AusfBest. z. VI. Abschn. Ziff. 30ff. geregelt. Sie hat keine aufschiebende Wirkung, a. a. O. Ziff. 35.

Wem das Recht der Berufung zusteht, ist im Gesetz nicht ausdrücklich bestimmt. Die Einlegung der Berufung hat, wie anzunehmen ist, zur formellen Voraussetzung, daß dem Berufenden von der Verteilungsstelle ein Bescheid erteilt ist (vgl. § 32 Abs. 3), zur materiellen Voraussetzung, daß der Berufende durch die Festsetzung oder Entscheidung betroffen ist. Liegt die materielle Voraussetzung vor, so kann die Verteilungsstelle im Dienstaufsichtswege vom Reichskanzler zur Erteilung eines Bescheides angehalten werden. Ob die materielle Voraussetzung vorliegt, kann im einzelnen Falle zweifelhaft sein. Durch die Festsetzung einer Beteiligungsziffer für ein Kaliwerk werden mittelbar auch die Interessen der andern Kaliwerke berührt, da die Höhe ihrer eigenen Beteiligungsziffer von der Höhe der festgesetzten Beteiligungsziffer abhängt. Trotzdem wird den anderen Kaliwerksbesitzern das Anfechtungsrecht abzusprechen sein, da es sich nur um eine rechnerische Folgewirkung handelt. Die Anfechtung der Umrechnung als solcher ist zwar als zulässig anzusehen, da auch § 18 in § 32 Abs. 2 erwähnt ist, indessen kann sich diese Anfechtung nur gegen die Anwendung unrichtiger Rechnungsgrundsätze u. dgl. richten. Dagegen wird einem Arbeiter, der durch eine Verschlechterung der Lohnverhältnisse (§§ 13ff.) betroffen zu sein glaubt, das Recht zur Anfechtung einer die Kürzung der Beteiligungsziffer des Werkes ablehnenden Entscheidung der Verteilungsstelle nicht zu versagen sein.

4. Eine besondere Form der Zustellung ist weder im Gesetz noch in den AusfBest. vorgeschrieben. Die Verteilungsstelle hat also freie Hand, jedoch muß ein urkundlicher Nachweis der Zustellung zu den Akten gebracht werden — als Unterlage für die Entscheidung der Berufungskommission über die fristzeitige Einlegung des Rechtsmittels.

§ 33.

Soweit nach diesem Gesetze[1] gegen Entscheidungen und Festsetzungen der Verteilungsstelle Beschwerde an den Bundesrat oder Berufung an die Berufungskommission stattfindet, ist der ordentliche Rechtsweg ausgeschlossen.

Entw. § 35; Begr. S. 28; KB. S. 58f., 83; StenBer. S. 3049 D.

1. Oder den dazu erlassenen AusfBest. (zum I. und IX. Abschn. Ziff. 5).

2. Die Verteilungsstelle und die Berufungskommission haben als Reichsbehörden keine selbständige juristische Persönlichkeit. Sie sind nicht parteifähig im Sinne des § 50 ZPO. und können daher nicht im ordentlichen Rechtswege klagen oder verklagt werden. RG. in der JW. 1900 S. 534. Sie sind auch nicht befugt, den Reichsfiskus in Prozessen zu vertreten.

Hieraus ist zu folgern, daß auch in den Fällen, in denen die AusfBest. der Verteilungsstelle eine Entscheidung übertragen, ohne ein Rechtsmittel gegen diese Entscheidung zu bestimmen (z. B. zum IV. Abschn. — zu §§ 21 und 24 — Ziff. 2), der ordentliche Rechtsweg ausgeschlossen und die Entscheidung der Verteilungsstelle endgültig ist. Das entspricht auch der öffentlich-rechtlichen Natur der in Frage kommenden Angelegenheiten.

§ 34. Auskunfterteilung.

Die Kaliwerksbesitzer[1] sind verpflichtet, der Verteilungsstelle und der Berufungskommission oder deren Beauftragten Auskunft über die verkauften Kalisalzmengen und die vereinbarten Preise und Lieferungsbedingungen, über sonstige geschäftliche Maßnahmen sowie über die Lohnverhältnisse und die Arbeitsdauer zu erteilen und die Besichtigung der Anlagen und die Befahrung der Gruben zu gestatten. Sie sind ferner verpflichtet, ihnen zum Zwecke der Nachprüfung der gemachten Angaben die Bücher und Belege der Kaliwerke vorzulegen.[2]

Die Verteilungsstelle, die Berufungskommission und deren Beauftragte sind zur Geheimhaltung der zu ihrer Kenntnis gelangten geschäftlichen Maßnahmen der Kaliwerksbesitzer verpflichtet.

KB. S. 59, 83; StenBer. S. 3049 D.

1. Eine ähnliche Auskunftspflicht ist durch die Ausf.-Best. z. I. u. IX. Abschn. Ziff. 2 auch den Besitzern von Sonderfabriken, die Kalifabrikate zu chemischen Fabrikaten weiterverarbeiten, auferlegt.

2. Vgl. ferner AusfBest. z. II. Abschn. Ziff. 1 u. 2 u. X. Abschn. Ziff. 2—6.

Strafbestimmung § 37. Zwangsverfahren § 41.

VII. Abschnitt.

Strafbestimmungen.

§ 35.

Wer es unternimmt,[1] dem Reiche die in den §§ 26 und 27 vorgesehenen Abgaben vorzuenthalten, macht sich der Hinterziehung schuldig.

Wer eine Hinterziehung begeht, wird mit einer Geldstrafe in Höhe des vierfachen Betrags der Abgabe[2] bestraft. Außerdem ist die Abgabe nachzuzahlen. Soweit der Betrag der Abgabe nicht festgestellt werden kann, tritt eine Geldstrafe bis zu fünfhunderttausend Mark ein.

Im Falle der Wiederholung der Hinterziehung nach vorangegangener Bestrafung[3] kann außerdem auf Gefängnis bis zu sechs Monaten erkannt werden.

KB. S. 60, 83f.; StenBer. S. 3049 D.

1. „Wer es unternimmt", ist die im § 134 des Vereinszollgesetzes vom 1. Juli 1869 angewandte und in fast allen Reichssteuergesetzen wiederkehrende Formel, die bedeutet, daß gleich der Vollendung auch der Versuch und jede auf Vorenthaltung der Abgabe gerichtete vorbereitende Handlung zu bestrafen ist. Zum Begriff des Unternehmens gehört der Vorsatz.

2. Die Festsetzung der Geldstrafe auf den vierfachen Betrag der Abgabe, die hinterzogen worden ist oder hinterzogen werden sollte, steht ebenfalls in Übereinstimmung mit den meisten Steuerstrafgesetzen.

3. Die Rückfallstrafe kann nur eintreten, wenn die frühere Strafe ganz oder teilweise verbüßt oder ganz oder teilweise erlassen ist, wenn dies auch nicht, wie im § 245 RStGB. und in den meisten Steuerstrafgesetzen ausdrücklich ausgesprochen ist.

§ 36.

Zuwiderhandlungen gegen die Vorschriften der §§ 4, 5, 20 und 24 dieses Gesetzes werden mit Geldstrafe bis zu einhunderttausend Mark bestraft.[1]

Im Falle der Wiederholung nach vorangegangener Bestrafung[2] kann außerdem auf Gefängnis bis zu sechs Monaten erkannt werden.

KB. S. 60, 83f.; StenBer. S. 3049 D.

1. Hiernach ist zu bestrafen:

a) wer, ohne Kaliwerksbesitzer zu sein, Kalisalze nach dem Auslande absetzt (§ 4);

b) wer, ohne Kaliwerksbesitzer oder Besitzer einer beim Inkrafttreten des Gesetzes bestehenden Sonderfabrik zu sein, Fabrikate oder Mischsalze, die als Kalisalze (§ 2) anzusehen sind, herstellt (§ 5 Satz 1);

c) der Besitzer einer Sonderfabrik, der solche Fabrikate und Mischsalze herstellt und sie in größerem Umfange als bisher weiterverarbeitet (§ 5 Satz 2);

d) ein Kaliwerksbesitzer, der Kalisalze an inländische Abnehmer zu höheren als den im § 20 Abs. 1 bzw. nach Maßgabe des § 20 Abs. 2 und 3 vom Bundesrate festgesetzten Preisen ab Werk verkauft;

e) wer Kalisalze nach dem Auslande zu niedrigeren Preisen ab Werk, als den aus §§ 20 f., und den AusfBest. des Bundesrats zu § 21 sich ergebenden Inlandpreisen verkauft oder liefert (§ 24).

Die §§ 4, 5, 20 und 24 enthalten Gebote und Verbote, die von besonderer Wichtigkeit sind und mit deren Übertretung große unberechtigte Vermögensvorteile verbunden sein könnten. Sie sind daher unter den Schutz der schärferen Strafandrohung des § 36 gestellt, während sonstige Zuwiderhandlungen der milderen Strafe des § 37 unterliegen.

2. Vgl. Anm. 3 zu § 35.

§ 37.

Zuwiderhandlungen gegen die Vorschriften dieses Gesetzes[1] und die dazu erlassenen und öffentlich oder den Beteiligten besonders bekanntgemachten Verwaltungsbestimmungen werden, soweit sie nicht nach §§ 35 und 36 mit einer besonderen Strafe bedroht sind, mit einer Ordnungsstrafe bis zu zehntausend Mark bestraft.

KB. S. 60, 83,f.; StenBer. S. 3050 A.

1. Z. B. §§ 21, 23, 25, 34.

Die Erfüllung der Verpflichtungen aus §§ 23, 34 kann außerdem im Wege des Verwaltungszwangsverfahrens erzwungen werden (§ 41).

Soweit der Kaliwerksbesitzer durch Nichterfüllung der ihm gesetzlich gegenüber dem Abnehmer obliegenden Pflichten (vgl. §§ 21, 23) dessen Privatinteresse verletzt, dürfte dem Abnehmer auch der ordentliche Rechtsweg offen stehen.

§ 38.

Die Betriebsunternehmer haften für die von ihren Verwaltern, Geschäftsführern, Gehilfen und sonstigen in ihrem Dienste oder Lohne stehenden Personen auf Grund der §§ 35 bis 37 verwirkten Geldstrafen und Kosten des Strafverfahrens im Falle des Unvermögens der eigentlichen Schuldigen, wenn nachgewiesen wird,

1. daß die Zuwiderhandlung mit ihrem Wissen verübt ist, oder
2. daß sie bei Auswahl und Anstellung der Verwalter, Geschäftsführer und sonstigen in ihrem Dienste oder Lohne stehenden Personen oder bei deren Beaufsichtigung nicht mit der Sorgfalt eines ordentlichen Geschäftsmanns zu Werke gegangen sind.

StenBer. S. 3050 A. Drucks. Nr. 501.

Vgl. die entsprechenden Bestimmungen im § 31 des Zündwarensteuergesetzes vom 15./21. Juli 1909 und anderen Steuergesetzen.

§ 39.

Im Falle des § 35 und, soweit die übertretenen Vorschriften die Abgabepflicht betreffen, auch im Falle des § 37, kommen in Ansehung des Verwaltungsstrafverfahrens, der Strafmilderung und des Erlasses der Strafe im Gnadenwege sowie in Ansehung der Strafvollstreckung die Vorschriften zur Anwendung, nach denen sich das Verfahren wegen Zuwiderhandlungen gegen die Zollgesetze bestimmt.

KB. S. 61, 84; StenBer. S. 3050 B.

§ 165 des Vereinszollgesetzes:

Hinsichtlich des Strafverfahrens verbleibt es bei den Bestimmungen der Landesgesetze.

Für die Landesgesetzgebung sind jetzt maßgebend die §§ 459—469 StPO. 6. Buch 3. Abschn. (Verfahren bei Zuwiderhandlungen gegen die Vorschriften über die Erhebung öffentlicher Abgaben und Gefälle).

Im Falle des § 36 und, soweit die übertretenen Vorschriften nicht die Abgabepflicht betreffen, auch im Falle des § 37 findet kein Verwaltungsstrafverfahren sondern das gerichtliche Strafverfahren statt.

§ 40.

Die auf Grund der §§ 35 bis 37 festgesetzten Geldstrafen fallen der Staatskasse des Bundesstaats zu, von dessen Behörden die Strafentscheidung getroffen ist.

Im Falle des § 35 Abs. 2 Satz 3 ist von dem Betrage der Geldstrafe der fünfte Teil an Stelle des nicht festgestellten Abgabebetrags an die Reichskasse abzuführen.

KB. S. 61, 84; StenBer. S. 3050 B.

§ 41.

Zur Erfüllung der in den §§ 23 und 34 festgestellten Pflichten[1] können die Kaliwerksbesitzer, abgesehen von der Festsetzung von Ordnungsstrafen, von den durch die Landesregierungen bestimmten Behörden[2] durch Androhung und Einziehung von Geldstrafen bis zu zehntausend Mark angehalten werden. Auf das Verfahren kommen die für die Behörde maßgebenden Vorschriften über das Verwaltungszwangsverfahren zur Anwendung.

KB. S. 61, 84 f.; StenBer. S. 3050 B.

1. Die Erfüllung dieser Pflichten ist in der Regel dringlich, insbesondere könnte die Nichterfüllung der Auskunftspflicht nach § 34 die Geschäftsführung der Verteilungsstelle und der Berufungskommission empfindlich stören. Daher kann in diesen Fällen nicht der Erfolg einer Strafanzeige auf Grund des § 37 abgewartet werden.

2. Diesen Behörden ist durch die AusfBest. z. VI. Abschn. Ziff. 49 Abs. 2 eine weitere Funktion übertragen.

§ 42.

Eine nicht beizutreibende Geldstrafe ist in Haft umzuwandeln.

KB. S. 61, 85; StenBer. S. 3050 B.

§ 43.

Die Strafverfolgung von Hinterziehungen und von Zuwiderhandlungen gegen § 36 verjährt in drei Jahren, von den mit Ordnungsstrafen belegten Zuwiderhandlungen in einem Jahre.

KB. S. 62, 85; StenBer. S. 3050 B.

VIII. Abschnitt.

Kosten.

§ 44.

Die Kosten der Verteilungsstelle und der Berufungskommission trägt das Reich. Hinsichtlich der Kosten des Verfahrens finden die Bestimmungen der §§ 91, 92 der Zivilprozeßordnung entsprechende Anwendung.

Entw. § 34 Abs. 4; Begr. S. 28; KB. S. 62, 85; StenBer. S. 3050 B.

§ 91 ZPO. Die unterliegende Partei hat die Kosten des Rechtsstreits zu tragen, insbesondere die dem Gegner erwachsenen Kosten zu erstatten, soweit dieselben zur zweckentsprechenden Rechtsverfolgung oder Rechtsverteidigung notwendig waren. Die Kostenerstattung umfaßt auch die Entschädigung des Gegners für die durch notwendige Reisen oder durch die notwendige Wahrnehmung von Terminen entstandene Zeitversäumnis; die für die Entschädigung von Zeugen geltenden Vorschriften finden entsprechende Anwendung.

Die Gebühren und Auslagen des Rechtsanwalts der obsiegenden Partei sind in allen Prozessen zu erstatten, Reisekosten eines auswärtigen Rechtsanwalts jedoch nur insoweit, als die Zuziehung zur zweckentsprechenden Rechtsverfolgung oder Rechtsverteidigung notwendig war. Die Kosten mehrerer Rechtsanwälte sind nur insoweit zu erstatten, als sie die Kosten eines Rechtsanwalts nicht übersteigen, oder als in der Person des Rechtsanwalts ein Wechsel eintreten mußte.

§ 92 ZPO. Wenn jede Partei teils obsiegt, teils unterliegt, so sind die Kosten gegeneinander aufzuheben oder verhältnismäßig zu teilen. Sind die Kosten gegeneinander aufgehoben, so fallen die Gerichtskosten jeder Partei zur Hälfte zur Last.

Das Gericht kann der einen Partei die gesamten Prozeßkosten auferlegen, wenn die Zuvielforderung der anderen Partei eine verhältnismäßig geringfügige war und keine besonderen Kosten veranlaßt hat, oder wenn der Betrag der Forderung der anderen Partei von der Festsetzung durch richterliches Ermessen von der Ausmittelung durch Sachverständige oder von einer gegenseitigen Berechnung abhängig war.

Vgl. AusfBest. z. VI. Abschn. Ziff. 49.

Ist in dem Verfahren vor der Berufungskommission ein Gegner nicht vorhanden, so können die §§ 91, 92 nur insofern entsprechende Anwendung finden, als dem mit seiner Berufung Zurückgewiesenen die Kosten des Verfahrens aufzuerlegen sind. Gebühren für das Verfahren werden nicht erhoben.

Auf das Verfahren der Verteilungsstelle können die §§ 91, 92 kaum Anwendung finden.

IX. Abschnitt.

Übergangsbestimmungen.

§ 45.

Die Bestimmungen der §§ 20 bis 25 finden auf die vor dem 17. April 1910[1] abgeschlossenen Verträge keine Anwendung.

KB. S. 62, 85; StenBer. S. 3050 B.

1. Datum des in der Reichstagskommission gestellten Antrages, der zuerst die Bestimmungen der §§ 20—25 (Verkaufspreise) enthielt.

§ 46.[1]

Der Bundesrat ist ermächtigt, die Abgaben des § 26 für Lieferungen auf Grund von Verträgen,[2] die vor dem 17. Dezember 1909[3] abgeschlossen sind, so weit zu ermäßigen, daß die Preise für die nach dem 1. Mai 1910[4] gelieferten Mengen einschließlich der Abgabe nicht höher werden, als die bis zum 30. Juni 1909 in Geltung gewesenen Preise.[5]

StenBer. S. 3002 D, 3009 C, 3046ff.

1. Die Bestimmung ist erst bei der zweiten Beratung im Reichstage dem Gesetz eingefügt und wie folgt begründet worden:

„Ein Eingreifen der Gesetzgebung in den Kaliabsatz ist bereits am 7. Juli 1909 von dem damaligen preußischen Handelsminister im Reichstage angekündigt worden. Doch ging diese Ankündigung nur dahin, daß man ein Sinken der Auslandpreise verhüten wollte. Die Beteiligten mußten also wohl damit rechnen, daß man durch die Abgabe die alten Preise aufrechterhalten werde, nicht aber damit, daß die Abgaben so hoch bemessen werden würden, daß nun die Vertragspreise zuzüglich der Abgabe höher wären, als die Preise, die bis zum 1. Juli 1909 gegolten haben." StenBer. S. 3047.

2. D. h. auf Grund von endgültigen Lieferungsverträgen, nicht auf Grund der Ausübung eines vereinbarten Optionsrechtes. StenBer. S. 3002 D.

3. Tag der Veröffentlichung des ersten preußischen Entwurfs des Kaligesetzes im Reichsanzeiger.

4. Vgl. § 7 Abs. 3.

5. Der Bundesrat hat nach einer Bek. des Reichskanzlers v. 12. 7. 1910 diesen ermächtigt, eine Ermäßigung der Abgaben auf Grund des § 46 innerhalb folgender Grenzen eintreten zu lassen:

Erstens ist bei der Berechnung der durchschnittlichen Aufwendungen, die der Abnehmer einschließlich der ermäßigten Abgaben für die Salze zu machen hat, auch die nicht mit der Abgabe belastete, innerhalb des Kontingents des Verkäufers bleibende Menge einzubeziehen.

Zweitens kann die Ermäßigung nur bei den Mengen eintreten, zu deren Abnahme sich der Käufer nachweislich vor dem Inkrafttreten des Gesetzes verpflichtet hat, dagegen nicht bei den Mengen, hinsichtlich deren ihm zu diesem Zeitpunkte nur ein Optionsrecht zustand.

Drittens hat der Käufer einen Antrag auf Ermäßigung der vom Lieferer zu zahlenden Abgabe zu stellen und dabei den Nachweis zu führen, daß er nicht nur zur Abnahme der Ware, sondern auch zur Erstattung der Abgabe verpflichtet ist.

§ 47.

Die Beteiligungsziffer der unter Nr. 57 und 59 bis 68 der Beteiligungstabelle aufgeführten Werke[1] ist schon vor dem 1. Januar 1913[2] auf Verlangen des Werkes zu erhöhen, sofern seine Lagerungs- und Betriebsverhältnisse die Erhöhung nach Maßgabe des Abschnitts II rechtfertigen.

KB. S. 85; StenBer. S. 3050 B.

1. Diese Werke hatten schon dem Kalisyndikat gegenüber einen durch den Eintritt bestimmter Voraussetzungen bedingten Anspruch auf Erhöhung der ihnen bis auf weiteres gewährten, in der Beteiligungstabelle des Syndikats aufgeführten Beteiligungsziffern. Daher konnte der dem Gesetz beigefügten Beteiligungstabelle (S. 122f.), die im wesentlichen der Tabelle des Syndikats entspricht, gegenüber den bezeichneten Werken nicht ebenso wie gegenüber den anderen Werken eine bis zum 1. Januar 1912 unbedingt bindende Kraft (§ 17 Abs. 1) beigelegt werden.

2. § 47 hat Bedeutung nur für die Zeit bis zum 1. Januar 1912, da für die Folgezeit eine allgemeine Neufestsetzung der Beteiligungsziffern stattfindet (§ 17 Abs. 1). In der Kommissionsfassung des Gesetzes war in den jetzigen §§ 11, 17, 47 überall als maßgebender Zeitpunkt der 1. Januar 1913 bestimmt. Bei der zweiten Plenarberatung (StenBer. S. 3026 C u. 3040 B) ist in den §§ 11, 17 dafür der 1. Januar 1912 eingesetzt worden, dagegen die entsprechende Abänderung des § 47 unterblieben.

§ 48.

Wenn vor dem 1. Januar 1912 von einem Kaliwerke, für das eine Beteiligungsziffer festgesetzt ist, ein selbständiges mit besonderer Beteiligungsziffer auszustattendes Werk[1] abgezweigt wird, so ist die Beteiligungsziffer dieses Werkes an der Beteiligungsziffer des Kaliwerkes, von dem es abgezweigt worden ist, zu kürzen.[2]

KB. S. 45, 74; StenBer. S. 3023 C, 3050 B.

1. Eine besondere Beteiligungsziffer ist zu gewähren, wenn die Voraussetzungen des § 10 vorliegen.

2. Wegen der Behandlung eines Falles dieser Art, der in der Zeit vom 1. Januar 1912 ab eintritt, vgl. Anm. 4 zu § 17.

§ 49.

Kaliwerksbesitzer dürfen über ihre Beteiligungsziffer hinaus an die zur Zeit des Inkrafttretens dieses Gesetzes bestehenden Sonderfabriken Rohsalze unter den vom Bundesrate festzusetzenden Bedingungen liefern; der Bundesrat kann in solchem Falle die im § 26 festgesetzte Abgabe ermäßigen. Diese Lieferungen dürfen insgesamt die in der Zeit vom 1. Mai 1909 bis dahin 1910 von den Sonderfabriken bezogene Menge reinen Kalis nicht übersteigen.

KB. S. 20f., 62, 85f.; StenBer. S. 3050 B u. C.

Den bestehenden Sonderfabriken (vgl. Einl. S. 51ff., Anm. 6 zu §§ 3 u. 5), die in den AusfBest. z. I. u. IX. Abschn. Ziff. 1 namentlich aufgeführt sind, war durch die Kalisyndikatsverträge der Bezug von Rohsalzen unter gewissen Voraussetzungen zugesichert. Das Gesetz will ihnen den Weiterbezug der bisherigen Salzmengen sicherstellen. KB. S. 86. Dies geschieht mittelbar dadurch, daß für alle Kaliwerksbesitzer durch Ermäßigung der Überkontingentsabgabe bei Lieferungen an Sonderfabriken ein starker Anreiz geschaffen wird, an diese über das Kontingent des Kaliwerkes hinaus zu liefern.

Das Vorrecht der Sonderfabriken erlischt nicht, wenn das Abhängigkeitsverhältnis (§ 3 Abs. 4) zu einem Kaliwerke gelöst wird. In diesem Falle gilt die Lieferung der Salze an die Fabrik als Absatz (§ 3 Abs. 1). Die ermäßigte Abgabe wird mit der Lieferung an die Fabrik fällig (§ 28 Abs. 1).

Solange dagegen das Abhängigkeitsverhältnis besteht, gelten die in der Fabrik hergestellten Fabrikate als Erzeugnisse des das Rohsalz liefernden Kaliwerkes, und als Absatz gilt nicht schon die Lieferung der Rohsalze an die Fabrik, sondern erst die Lieferung der Fabrikate an einen Dritten (§ 3 Abs. 4). Erst mit dem Austritt der Fabrikate aus der Fabrik wird die ermäßigte Abgabe fällig (§ 28 Abs. 1). Zahlungspflichtig ist aber auch in diesem Falle der Kaliwerksbesitzer (§ 26 Abs. 1, § 27 Abs. 1, § 3 Abs. 4 Satz 2). Die Sonderfabrik als solche hat keine Beteiligungsziffer. StenBer. S. 3019 D.

Liefert ein Kaliwerksbesitzer innerhalb seines Kontingents Salze an eine Sonderfabrik, so kommt § 49 nicht zur Anwendung. Auch ist die Überschreitung des Kontingents nicht etwa verboten, vielmehr tritt nur die volle Abgabepflicht (§ 26) ein, sofern nicht der Bundesrat die Abgabe ermäßigt.

Der Bundesrat hat für die Anwendung des § 49 folgende Bedingungen festgesetzt (AusfBest. z. I. u. IX. Abschn. Ziff. 3 bis 5):

Soweit es einer Sonderfabrik nicht möglich ist, im Laufe eines Kalenderjahrs von Kaliwerksbesitzern eine Rohsalzmenge, die der in der Zeit vom 1. Mai 1909 bis dahin 1910 zur Verarbeitung bezogenen Menge, berechnet auf reines Kali, entspricht, zu denselben Durchschnittspreisen wie in diesem Zeitraum zu erhalten, dürfen Kaliwerksbesitzer die fehlende Menge über ihre Beteiligungsziffer hinaus an die Sonderfabrik gegen eine ermäßigte Abgabe liefern.

Auf Lieferungen an eine Sonderfabrik, die beim Inkrafttreten des Gesetzes mehr als die Hälfte der Anteile eines Kaliwerkes besessen hat, finden die vorstehenden Bestimmungen nur insoweit Anwendung, als die Lieferungen die Rohsalzmenge überschreiten, die die Sonderfabrik in der Zeit vom 1. Mai 1909 bis dahin 1910 von diesem Kaliwerke bezogen hat.

Die Verteilungsstelle ist ermächtigt, die Abgabe so zu ermäßigen, daß der Preis für die Einheit reinen Kalis unter Hinzurechnung der Abgabe nicht über den von der Sonderfabrik in der Zeit vom 1. Mai 1909 bis dahin 1910 gezahlten Durchschnittspreis hinausgeht. Gegen den Ermäßigungsbeschluß steht dem Kaliwerksbesitzer innerhalb einer Ausschlußfrist von einer Woche nach Zustellung des Beschlusses die Beschwerde an den Bundesrat zu.

X. Abschnitt.
Schlußbestimmungen.

§ 50.

Verträge über die Lieferung von Kalisalzen, die vor dem 1. Juli 1925 mit Wirkung über den 31. Dezember 1925 hinaus geschlossen werden, sind nichtig.

KB. S. 62f., 86; StenBer. S. 3050D.

Am 31. Dezember 1925 läuft die Geltungsdauer des Gesetzes ab. An sich stände nichts im Wege, schon vorher Lieferungsverträge mit Wirkung für die Zeit nach dem Außerkrafttreten des Gesetzes abzuschließen. Hieraus könnten für eine etwaige weitere gesetzliche Regelung ähnliche Schwierigkeiten entstehen, wie sie sich aus dem Bestehen der sog. Schmidtmann-Verträge für das Zustandekommen des vorliegenden Gesetzes ergeben haben. Dem will § 50 — unter Preisgabe des letzten Halbjahres — vorbeugen.

Da nach § 1 Gegenstand des Gesetzes grundsätzlich nur der Absatz von Kalisalzen durch Kaliwerksbesitzer ist, so dürfte auch § 50 trotz seiner allgemeinen Fassung nur von Kaliwerksbesitzern abgeschlossene Lieferungsverträge treffen.

§ 51. Ausführungsbestimmungen.

Der Bundesrat erläßt die zur Ausführung des Gesetzes erforderlichen Anordnungen,[1] insbesondere ist er befugt, weitere Kontrollvorschriften[2] zu erlassen, durch welche die Beobachtung der Vorschriften dieses Gesetzes sichergestellt wird. Er hat die Grundsätze für den nach § 8 Abs. 5 vorzunehmenden Ausgleich,[3] für die Festsetzung der Beteiligungsziffer (§§ 9 bis 12)[4] aufzustellen, Bestimmungen über die Wahl der Beisitzer, die Einrichtung und das Verfahren der Verteilungsstelle und der Berufungskommission[5] und die Kostenvergütung (§ 28 Abs. 2)[6] zu treffen.

Von sämtlichen vom Bundesrat auf Grund dieses Gesetzes erlassenen Bestimmungen, Vorschriften und Anordnungen ist dem Reichstag Kenntnis zu geben.

KB. S. 57, 59f., 63, 86; StenBer. S. 3050 D.

1. Bek., betr. Bestimmungen zur Ausführung des Gesetzes über den Absatz von Kalisalzen, v. 9. 7. 1910 (RGBl. S. 925). Der Erlaß weiterer Ausführungsbestimmungen durch den Bundesrat steht noch aus. Auch ist am Schluß der AusfBest. v. 9. 7. 1910 der Reichskanzler ermächtigt, die zur Durchführung der getroffenen Anordnungen erforderlichen Bestimmungen zu erlassen.

2. AusfBest. z. X. Abschn.

3. AusfBest. z. II. Abschn. (zu § 8 Abs. 5).

4. Übergangsbestimmung in den AusfBest. z. II. Abschn. (zu §§ 8ff.) Ziff. 3. Die Grundsätze, nach denen die Festsetzung der Beteiligungsziffern für die Zeit nach dem 1. 1. 1912 stattzufinden hat, sind in den AusfBest. v. 9. 7. 1910 nicht enthalten.

5. AusfBest. z. VI. Abschn.

6. AusfBest. z. V. Abschn. Ziff. 5.

§ 52. Termin für das Inkrafttreten des Gesetzes.

Dieses Gesetz tritt mit dem Tage der Verkündung in Kraft.

KB. S. 63, 86; StenBer. S. 3050 D.

Das Gesetz ist am 28. 5. 1910 verkündet.

Vgl. § 7 Abs. 3, wonach das Gesetz in einer bestimmten Richtung bis zum 1. 5. 1910 zurückwirkt.

Anlage zu § 17.

Beteiligungstabelle.

1. Staßfurt	22,28	26. Alexandershall	14,70
2. Leopoldshall	27,07	27. Wintershall	14,70
3. Westeregeln	22,28	28. Johannashall	12,64
4. Neu-Staßfurt	22,28	29. Heldburg	11,62
5. Aschersleben	22,28	30. Großherzog von Sachsen	14,70
6. Ludwig II	13,38	31. Desdemona	14,05
7. Bienenburg	22,28	32. Sigmundshall	14,08
8. Bernburg	22,28	33. Ronnenberg	15,85
9. Thiede	11,76	34. Roßleben	16,41
10. Wilhelmshall	21,34	35. Friedrich Franz	14,44
11. Glückauf	19,72	36. Frisch Glück	14,25
12. Hedwigsburg	17,45	37. Sollstedt	16,41
13. Burbach	14,76	38. Bernterode	14,88
14. Carlsfund	14,77	39. Güntershall	13,41
15. Beienrode	14,62	40. Thüringen	13,37
16. Asse	14,09	41. Heldrungen II	12,09
17. Salzdetfurth	19,72	42. Krügershall	11,62
18. Hohenzollern	14,30	43. Nordhäuser Kaliwerke	12,15
19. Jessenitz	13,32	44. Ludwigshall	11,75
20. Justus	14,04	45. Großherzog Wilhelm Ernst	11,75
21. Kaiseroda	14,70	46. Hildesia	14,88
22. Einigkeit	15,66	47. Friedrichshall	12,55
23. Hohenfels	16,18		
24. Bleicherode	14,99		
25. Mansfeld	13,93		

48. Teutonia	12,97	59. Adler	11,63
49. Siegfried I	13,41	60. Hugo	11,63
50. Deutschland	13,41	61. Aller-Nordstern	11,63
51. Hattorf	12,57	62. Siegfried-Giesen	11,63
52. Neubleicherode	13,40	63. Sachsen-Weimar	11,63
53. Hansa-Silberberg	13,41	64. Volkenroda	11,63
54. Herrmann II	11,75	65. Heiligenroda	11,63
55. Salzmünde	11,75	66. Glückauf-Sarstedt	11,63
56. Walbeck	12,55	67. Rastenberg	11,63
57. Immenrode	12,97	68. Neuhof-Fulda	11,63
58. Riedel	13,73		1000,00

Anhang.

I.

Bekanntmachung, betr. Bestimmungen zur Ausführung des Gesetzes über den Absatz von Kalisalzen.

Vom 9. Juli 1910 (RGBl. S. 925 ff.).

Auf Grund des § 51 des Gesetzes über den Absatz von Kalisalzen vom 25. Mai 1910 (Reichs-Gesetzbl. S. 775) hat der Bundesrat folgende Ausführungsbestimmungen beschlossen:

Zum I. und IX. Abschnitt.

Sonderfabriken.

(Zu §§ 5 und 49.)

1. Als bestehende Sonderfabriken im Sinne der §§ 5 und 49 sind die folgenden anzusehen:

a) die Vereinigten chemischen Fabriken Leopoldshall,
b) Concordia, chemische Fabrik, Leopoldshall,
c) die chemische Fabrik Friedrichshütte, Leopoldshall,
d) die Staßfurter chemische Fabrik, Staßfurt,
e) die chemische Fabrik von Beit & Co., Staßfurt,

f) die chemische Fabrik Harburg-Staßfurt, Staßfurt,
g) die chemischen Werke Schönebeck, Schönebeck,
h) die chemische Fabrik von Schachnow & Wolff, Leopoldshall.

2. Soweit in einer Sonderfabrik eine Weiterverarbeitung zu anderen als den im § 2 Abs. 1b und c bezeichneten Erzeugnissen stattfindet, ist die Art und Menge der dabei gewonnenen Erzeugnisse der Verteilungsstelle nach ihrer näheren Anweisung in bestimmten Zeiträumen mitzuteilen. Den Beauftragten der Verteilungsstelle ist der Zutritt zu den Fabrikräumen jederzeit zu gestatten und jede geforderte Auskunft über den Fabrikbetrieb und den Absatz der Erzeugnisse zu erteilen; auch sind ihnen auf Erfordern zum Zwecke der Nachprüfung der gemachten Angaben die Bücher und Belege der Fabrik vorzulegen.

3. Soweit es einer Sonderfabrik nicht möglich ist, im Laufe eines Kalenderjahrs von Kaliwerksbesitzern eine Rohsalzmenge, die der in der Zeit vom 1. Mai 1909 bis dahin 1910 zur Verarbeitung bezogenen Menge, berechnet auf reines Kali, entspricht, zu denselben Durchschnittspreisen wie in diesem Zeitraum zu erhalten, dürfen Kaliwerksbesitzer die fehlende Menge über ihre Beteiligungsziffer hinaus an die Sonderfabrik gegen eine ermäßigte Abgabe liefern.

4. Auf Lieferungen an eine Sonderfabrik, die beim Inkrafttreten des Gesetzes mehr als die Hälfte der Anteile eines Kaliwerkes besessen hat, finden die

vorstehenden Bestimmungen nur insoweit Anwendung, als die Lieferungen die Rohsalzmenge überschreiten, die die Sonderfabrik in der Zeit vom 1. Mai 1909 bis dahin 1910 von diesem Kaliwerke bezogen hat.

5. Die Verteilungsstelle ist ermächtigt, die Abgabe so zu ermäßigen, daß der Preis für die Einheit reinen Kalis unter Hinzurechnung der Abgabe nicht über den von der Sonderfabrik in der Zeit vom 1. Mai 1909 bis dahin 1910 gezahlten Durchschnittspreis hinausgeht. Gegen den Ermäßigungsbeschluß steht dem Kaliwerksbesitzer innerhalb einer Ausschlußfrist von einer Woche nach Zustellung des Beschlusses die Beschwerde an den Bundesrat zu.

Zum II. Abschnitt.

Feststellung der Gesamtmenge des Kaliabsatzes.

(Zu § 7.)

1. Zur Feststellung der Gesamtmenge des Absatzes im Vorjahr haben die Kaliwerksbesitzer der Verteilungsstelle bis zu einem von ihr zu bestimmenden Zeitpunkt unter Benutzung eines von ihr aufzustellenden Vordrucks die erforderlichen Angaben zu machen.

2. Die Verteilungsstelle hat sich bei der jährlichen Festsetzung der Gesamtmenge des Absatzes für das Inland und das Ausland nach Möglichkeit dem voraussichtlichen Bedarfe der Verbraucher anzupassen. Sie hat sich über den jeweilig vorliegenden Bedarf zu unterrichten und zu diesem Zwecke die erforder-

lichen Angaben über den tatsächlichen Absatz, den vorhandenen Auftragsbestand und die vorliegende Nachfrage von den Kaliwerksbesitzern in bestimmten Zeiträumen einzuziehen. Ergibt sich ein die festgesetzte Absatzmenge übersteigender Bedarf der Verbraucher, so ist die Erhöhung der festgesetzten Absatzmenge alsbald vorzunehmen.

3. Es bleibt Vereinigungen von Kaliwerksbesitzern überlassen, den auf sie entfallenden Absatz für das Inland und Ausland einerseits und in den einzelnen Sorten anderseits unter ihre Mitglieder nach den unter diesen getroffenen Vereinbarungen zu verteilen.

Verfahren bei der Festsetzung der Beteiligungsziffern.

(Zu §§ 8ff.)

1. Bei der Festsetzung der Beteiligungsziffer eines Kaliwerkes sowie bei jeder Änderung im Umfang des Abbaufeldes ist der Verteilungsstelle nach ihrer näheren Bestimmung ein Lageplan vorzulegen, aus dem die Ausdehnung des der Beteiligung zugrunde zu legenden Abbaufeldes und die Lage der Grubenbaue, der in dem Abbaufelde vorhandenen Bohrungen sowie der Aufschlüsse auf Nachbarfeldern, auf die Bezug genommen wird, deutlich hervorgehen. Dem Lageplan ist eine Beschreibung der durch Grubenbaue und Bohrungen erschlossenen Kalisalzlager nebst den Analysenergebnissen der Bohrungen beizufügen.

2. In dem Verfahren zur Festsetzung der Beteiligungsziffern können von der Verteilungsstelle

Sachverständige hinzugezogen werden. Zur Erstattung geologischer Gutachten ist in Bundesstaaten, für die eine geologische Landesanstalt besteht, vorzugsweise diese heranzuziehen.

3. Wenn ein Kaliwerk, das in der dem Gesetze beigefügten Beteiligungstabelle nicht aufgeführt ist, bereits vor Verkündung des Gesetzes lieferungsfähig geworden ist, so wird seine Beteiligungsziffer für die Zeit bis Ende 1911 entsprechend der Beteiligungsziffer solcher Werke festgesetzt, die ihm hinsichtlich der Ausdehnung und Beschaffenheit der Kalisalzlager und der Leistungsfähigkeit der Betriebseinrichtungen am nächsten stehen.

Gewährung einer Ausgleichsbeteiligung an Kaliwerksbesitzer, die einzelne Kalisalzsorten nicht zu liefern vermögen.

(Zu § 8 Abs. 5.)

Unter die Bestimmung des § 8 Abs. 5 fallen die sogenannten Carnallitwerke hinsichtlich der Lieferung von Rohsalzen der Gruppe II im § 20. Diesen Werken steht das Recht zu, ihre Beteiligung in der genannten Gruppe ganz oder teilweise derart zu erfüllen, daß sie an Stelle von fünfundfünfzig Hundertteilen ihrer Beteiligung in jener Gruppe Salze der Gruppe III im § 20 im Verhältnis von 4 zu 3, an Stelle von dreißig Hundertteilen der Beteiligung Salze der Gruppe IV im § 20 im Verhältnis von 10 zu 3 und an Stelle von fünfzehn Hundertteilen der Beteiligung Salze der Gruppe V im § 20 im Verhältnis von 10 zu 3 liefern.

Zum IV. Abschnitt.

Gewährung von Abzügen.

(Zu §§ 21 und 24.)

1. Sämtlichen inländischen Abnehmern größerer Mengen sind von den im § 20 angegebenen Preisen spätestens am Jahresschluß Abzüge (Rabatte) zu gewähren, die bei den nachstehenden Salzsorten für 1 Doppelzentner Salz nicht niedriger sein dürfen als folgende Sätze:

	bei jährlicher Abnahme von mindestens 10—499	500—4999	5000—12000	über 12000
	Doppelzentner reines Kali			
	Pfennig	Pfennig	Pfennig	Pfennig
bei Chlorkalium berechnet auf 80 Prozent KCl .	20	40	60	80
bei schwefelsaurem Kali berechnet auf 90 Prozent K_2SO_4	20	40	60	80
bei schwefelsaurem Kalimagnesia berechnet auf 48 Prozent K_2SO_4	10	20	30	40

2. Die in Ziffer 1 angegebenen höchsten Rabatte für Chlorkalium und schwefelsaures Kali können

beim Absatz nach solchen Ländern, die infolge hoher Frachten, ungünstiger Schiffsverbindungen oder des Wettbewerbes anderer Produkte der Einführung der genannten Salze Schwierigkeiten bieten, auch bei Abnahme geringerer als der in den bezeichneten Ausführungsbestimmungen angegebenen Mengen bewilligt werden. Die Entscheidung trifft im einzelnen Falle die Verteilungsstelle.

Frachtenausgleich und Frachtvergütung.

(Zu § 22.)

1. Als Ausgangsstationen für den Frachtenausgleich und die Frachtvergütung werden Staßfurt, Vienenburg und Salzungen bestimmt. Bei der Frachtberechnung ist die für den Empfänger günstigste Ausgangsstation zugrunde zu legen.

2. Der Empfänger hat die Fracht von der Ausgangsstation bis zum Empfangsort zu zahlen. In den Fakturen ist die wirkliche und die vom Empfänger zu zahlende Fracht zu vermerken. Der Unterschied ist einstweilen vom Kaliwerksbesitzer zu vereinnahmen oder vorzuschießen. Die Faktura oder eine Abschrift ist bis zum fünften Tage des auf die Ausfertigung folgenden Monats an die Verteilungsstelle einzusenden, welche die vereinnahmten oder vorgeschossenen Frachtunterschiede den Konten der Kaliwerksbesitzer zur Last oder gut schreibt. Am Jahresschlusse wird ein Ausgleich der Konten der Kaliwerksbesitzer in der Weise vorgenommen, daß die von ihnen ver-

einnahmten oder vorgeschossenen Frachtunterschiede gleichmäßig auf alle nach Maßgabe ihrer Beteiligungsziffern verteilt werden. Jedoch haben Kaliwerksbesitzer, die von einem Werke liefern, das von dem Empfangsort weiter als 750 km und auch weiter entfernt ist, als die für den Empfänger günstigste Ausgangsstation, den Frachtanteil bis zu dieser Ausgangsstation selbst zu tragen.

3. Für Stationen, die mehr als 500 Kilometer von den unter Ziffer 1 genannten Ausgangsstationen entfernt liegen, ist den Empfängern eine Vergütung von 10 Prozent, für solche, die mehr als 600 Kilometer entfernt sind, eine Vergütung von 15 Prozent, für solche, die mehr als 700 Kilometer entfernt sind, eine Vergütung von 20 Prozent und endlich für solche, die mehr als 750 Kilometer entfernt sind, eine Vergütung von 25 Prozent der nach Ziffer 2 zu zahlenden Frachtsumme zu gewähren, mit der Maßgabe jedoch, daß für die weiter als 500, 600, 700 oder 750 Kilometer gelegenen Stationen kein niedrigerer als der diesen Entfernungen entsprechende Tarifsatz berechnet wird.

4. Die in Anrechnung kommenden Frachtvergütungen sind auf den Fakturen von der vom Empfänger zu zahlenden Frachtsumme in Abzug zu bringen, den Kaliwerksbesitzern in gleicher Weise wie die von ihnen vorgeschossenen Frachtausgleichsbeträge von der Verteilungsstelle gutzuschreiben und am Jahresschluß auf sämtliche Kaliwerksbesitzer nach Maßgabe ihrer Beteiligungsziffern zu verteilen.

5. Die vorstehenden Bestimmungen finden keine Anwendung auf Fälle, in denen ein Kaliwerksbesitzer aus seinem Kaliwerke Kalisalze an eine ihm gehörige Fabrik zur Weiterverarbeitung zu anderen als den im § 2 Abs. 1b und c bezeichneten Erzeugnissen absetzt, ohne daß wirkliche Frachtkosten entstehen.

Lieferungen von Kalisalzen nach deutschen Schutzgebieten.

(Zu § 25.)

Sendungen von Kalisalzen nach den deutschen Schutzgebieten werden bis zur Ankunft im Schutzgebiet als Auslandssendungen behandelt. Wird glaubhaft nachgewiesen, daß die Salze im Schutzgebiete verbraucht sind, so ist der Preis auf den für Inlandsendungen vorgeschriebenen Höchstpreis zu ermäßigen. Als Nachweis genügt eine Bescheinigung der zuständigen Ortsbehörde im Schutzgebiete. Von der Ermäßigung ist unter Angabe der Art und Menge der Salze der Verteilungsstelle Mitteilung zu machen, die die im Schutzgebiete verbrauchten Mengen dem liefernden Kaliwerksbesitzer auf seinen Anteil am Inlandsabsatz anzurechnen hat.

Zum V. Abschnitt.

Erhebung der Abgaben.

(Zu § 28.)

1. Die Kaliwerksbesitzer haben monatlich eine Nachweisung der fälligen Reichsabgaben nach Muster 1 der zuständigen Zoll- oder Steuerstelle bis zum 5.

des folgenden Monats in doppelter Ausfertigung einzureichen. Die erste Nachweisung hat die Zeit vom Tage der Verkündung des Gesetzes (28. Mai 1910) bis Ende Juni 1910 zu umfassen. Die Angaben der Kalisalzmengen in den Nachweisungen sind unter Fortlassung der überschießenden Bruchteile auf volle Doppelzentner abzurunden. Die Hebestelle hat auf Grund der Nachweisung die Abgaben festzusetzen und den Kaliwerksbesitzer aufzufordern, den festgesetzten Betrag innerhalb einer Frist von 14 Tagen einzuzahlen. Eine Ausfertigung der Nachweisung, auf der die Hebestelle die Zahlung zu bescheinigen hat, wird dem Kaliwerksbesitzer zurückgegeben.

2. Die Hebestelle hat über die Einnahme aus den Abgaben für Kalisalze ein Einnahmebuch nach Muster 2 zu führen, zu dem die andere Ausfertigung der Nachweisung als Beleg zu nehmen ist.

3. Die Einnahmebücher nebst Belegen sind nach Schluß des Vierteljahrs den Direktivbehörden einzureichen, von diesen rechnerisch zu prüfen und sodann der Verteilungsstelle zur Nachprüfung der von den Kaliwerksbesitzern in den Nachweisungen gemachten Angaben zu übersenden. Nach Schluß der Nachprüfung sind die Einnahmebücher und Belege baldigst den Direktivbehörden mit einer Bescheinigung über das Ergebnis der Prüfung zurückzusenden.

4. Die nach § 26 zu entrichtende Abgabe bleibt außer Hebung, wenn der Kaliwerksbesitzer die auf ihn für das Kalenderjahr entfallende Gesamtmenge

des Absatzes um nicht mehr als 10 vom Hundert überschritten hat und wenn er die Erklärung abgibt, daß er auf Zuteilung einer entsprechenden Absatzmenge für das folgende Kalenderjahr verzichtet.

5. Die Bundesstaaten erhalten für die ihnen durch die Erhebung der Abgabe und ihre sonstige Mitwirkung bei Ausführung des Gesetzes erwachsenden Kosten eine Vergütung von 2 vom Hundert der von ihnen erhobenen Abgaben.

Zum VI. Abschnitt.

Einrichtung der Verteilungsstelle und der Berufungskommission.

(Zu §§ 30 und 31.)

1. Die Verteilungsstelle und die Berufungskommission haben ihren Sitz in Berlin.

Der Vorsitzende kann bestimmen, daß einzelne Sitzungen an anderen Orten abgehalten werden.

2. Der Vorsitzende und die vom Reichskanzler zu ernennenden Beisitzer der Verteilungsstelle haben vor ihrer Ernennung die Erklärung abzugeben, daß sie weder Anteile privater Kaliwerke besitzen, noch an deren Erträgnis beteiligt sind.

Die Mitglieder der Berufungskommission haben vor ihrer Ernennung die Erklärung abzugeben, daß sie weder ein Kaliwerk oder Anteile privater Kaliwerke besitzen oder an deren Erträgnis beteiligt sind, noch der Verwaltung oder dem Aufsichtsrat eines Kaliwerkes angehören.

Gleichzeitig haben sie sich zu verpflichten, falls später Umstände eintreten sollten, nach denen der Inhalt der Erklärung nicht mehr zutrifft, dem Reichskanzler sofort Anzeige zu erstatten.

Die gleichen Bestimmungen gelten für die Stellvertreter.

3. Die Ernennung und Wahl der Mitglieder der Verteilungsstelle und der Stellvertreter erfolgt erstmalig für die Zeit bis zum 30. Juni 1912, die der Berufungskommission für die Zeit bis zum 31. Dezember 1912, von diesen Zeitpunkten ab jedesmal für die Dauer von 5 Jahren. Die Ausscheidenden können wieder ernannt oder gewählt werden.

Das Amt eines Mitglieds erlischt, wenn Tatsachen eintreten, die seine Ernennbarkeit oder Wählbarkeit ausschließen. Ob solche Tatsachen vorliegen, entscheidet der Reichskanzler.

4. Der Reichskanzler bestimmt unter Zustimmung des Bundesrats eines der ernannten Mitglieder zum Vorsitzenden, einen der ernannten Stellvertreter zum stellvertretenden Vorsitzenden.

5. Die Mitglieder sind auf die gewissenhafte Erfüllung der Obliegenheiten ihres Amtes eidlich zu verpflichten.

Die Beeidigung des Vorsitzenden erfolgt durch einen vom Reichskanzler beauftragten Beamten, die Beeidigung der anderen Mitglieder und Stellvertreter durch den Vorsitzenden.

Auf die Beeidigung finden die Vorschriften im

§ 51 des Gerichtsverfassungsgesetzes entsprechende Anwendung.

6. Im Falle der Behinderung eines Mitglieds tritt der für dieses Mitglied ernannte oder gewählte Stellvertreter ein. Ist noch ein zweiter Stellvertreter ernannt oder gewählt, so tritt der zweite ein, falls auch der erste behindert ist.

7. Die Leitung und Beaufsichtigung des gesamten Dienstes liegt dem Vorsitzenden ob. Er hat für Beschaffung der erforderlichen Hilfskräfte und Diensträume Sorge zu tragen.

Er erläßt die Geschäftsordnung, die der Genehmigung des Reichskanzlers bedarf.

8. Die Verteilungsstelle und die Berufungskommission stehen unter der Aufsicht des Reichskanzlers.

9. Der Reichskanzler kann dem Vorsitzenden und den anderen Mitgliedern für ihre Mühewaltung angemessene Entschädigungen bewilligen.

Sie erhalten Tagegelder und Reisekosten nach den für die vortragenden Räte der obersten Reichsbehörden geltenden Sätzen.

Wahl der von den Kaliwerksbesitzern zu wählenden Beisitzer der Verteilungsstelle.

(Zu § 30 Abs. 1.)

10. Die Wahl der von den Kaliwerksbesitzern zu wählenden Beisitzer der Verteilungsstelle erfolgt in einer Versammlung derjenigen Kaliwerksbesitzer,

welchen eine endgültige oder vorläufige Beteiligungsziffer (§§ 8, 12) zusteht.

Der Vorsitzende der Verteilungsstelle beruft die Wähler durch eingeschriebene Briefe und leitet die Wahl. Zwischen der Absendung der Briefe und der Wahl muß eine Frist von mindestens einer Woche liegen. Die erste Wahl hat alsbald nach Erlaß dieser Ausführungsbestimmungen, die weiteren Wahlen haben spätestens drei Monate vor Ablauf der Wahlperiode stattzufinden.

11. Die Wahl erfolgt ohne Rücksicht auf die Zahl der erschienenen Wahlberechtigten.

Das Stimmenverhältnis der Wahlberechtigten richtet sich nach den ihnen zur Zeit der Wahl zustehenden Beteiligungsziffern.

Die Wahl erfolgt, soweit nicht einstimmige Wahl durch Zuruf stattfindet, durch mündliche Stimmabgabe zu Protokoll. In diesem Falle kann jede Gruppe von Kaliwerksbesitzern, welche mindestens über ein Viertel aller Beteiligungsziffern verfügt, einen Beisitzer bestimmen (Gruppenwahl). Von den dann noch zu wählenden Beisitzern wird jeder in einem besonderen Wahlgang, und zwar von den an der Gruppenwahl nicht beteiligt gewesenen Kaliwerksbesitzern oder, wenn diese über weniger als ein Viertel aller Stimmen verfügen, von allen Wahlberechtigten gewählt. Als gewählt gilt, wer mehr als die Hälfte der abgegebenen Stimmen erhalten hat. Wird diese Mehrheit nicht erreicht, so findet

Stichwahl zwischen den beiden Personen statt, welche die meisten Stimmen erhalten haben. Bei Stimmengleichheit entscheidet das Los.

Die Kaliwerksbesitzer dürfen ihre Stimmen nicht auf mehrere Gruppen verteilen.

In gleicher Weise werden für jeden Beisitzer in je einem besonderen Wahlgang ein erster und ein zweiter Stellvertreter gewählt.

12. Beim Ausscheiden eines Beisitzers oder Stellvertreters während seiner Amtszeit findet innerhalb dreier Monate nach dem Ausscheiden Ersatzwahl für den Rest der Wahlperiode statt. War der Ausscheidende durch eine Gruppe gewählt, so kann diese einen Ersatzmann bestimmen. Geschieht dies nicht, so findet Mehrheitswahl durch die Mitglieder dieser Gruppe und die Kaliwerksbesitzer, die nicht bei einer Gruppenwahl beteiligt waren, statt. Beim Ausscheiden eines nicht von einer Gruppe bestimmten Beisitzers oder Stellvertreters sind zur Teilnahme an der Mehrheitswahl alle Kaliwerksbesitzer berechtigt.

Wahl der von den Arbeitervertretern zu wählenden Beisitzer der Verteilungsstelle.

(Zu § 30 Abs. 2.)

13. Von den Arbeitervertretern der Sektionen III und IV der Knappschaftsberufsgenossenschaft werden je ein Beisitzer der Verteilungsstelle und für jeden zwei Stellvertreter nach Maßgabe folgender Bestimmungen gewählt.

14. Die Wahl erfolgt in einer Versammlung der genannten Arbeitervertreter, die von dem Vorsitzenden der Sektion durch eingeschriebene Briefe berufen und von ihm geleitet wird. Zwischen der Absendung der Briefe und der Wahl muß eine Frist von mindestens einer Woche liegen.

Die erste Wahl hat vor Ablauf des Jahres 1910, die weiteren Wahlen haben spätestens einen Monat vor Ablauf der Wahlperiode stattzufinden.

15. Die Wahl erfolgt ohne Rücksicht auf die Zahl der erschienenen Wahlberechtigten.

Die Vertreter jeder der beiden Sektionen III und IV wählen mittels verdeckter Stimmzettel in besonderen Wahlgängen je einen Beisitzer und je einen ersten und einen zweiten Stellvertreter. Gewählt ist, wer die meisten Stimmen erhalten hat. Bei Stimmengleichheit entscheidet das Los.

16. Wählbar ist jeder im Kalibergbau unter Tage beschäftigte Arbeiter, der mindestens 30 Jahre alt ist, die deutsche Reichsangehörigkeit besitzt und zum Amte eines Schöffen fähig ist (§ 32 des Gerichtsverfassungsgesetzes).

17. Scheiden ein Beisitzer und seine Stellvertreter während ihrer Amtsperiode aus, so findet unverzüglich eine Ersatzwahl für den Rest der Wahlperiode durch die Arbeitervertreter derjenigen Sektion statt, welche den ausgeschiedenen Beisitzer gewählt hatte.

18. Die wahlberechtigten Arbeitervertreter erhalten bei Reisen, die sie besonders zum Zwecke der

Wahl unternehmen, Entschädigungen nach den von der Knappschafts-Berufsgenossenschaft festgestellten Sätzen.

Verfahren der Verteilungsstelle.

(Zu § 30.)

19. Der Vorsitzende beraumt die Sitzungen der Verteilungsstelle an und leitet die Verhandlungen.

20. Die Verteilungsstelle ist beschlußfähig, wenn alle Mitglieder und, sofern die Behinderung eines Mitglieds bekannt ist, sein Stellvertreter ordnungsmäßig geladen und mindestens drei Mitglieder einschließlich des Vorsitzenden oder seines Stellvertreters erschienen sind.

21. In den Fällen des § 30 Abs. 2 werden vor der Einberufung der Verteilungsstelle die beiden von den Kaliwerksbesitzern gewählten Beisitzer, die auszuscheiden haben, durch das Los bestimmt.

22. In eiligen Fällen kann nach näherer Bestimmung der Geschäftsordnung die Beschlußfassung auf schriftlichem Wege erfolgen. In diesem Falle müssen sieben Mitglieder oder Stellvertreter mitwirken.

23. Von der Teilnahme an der Beratung und Beschlußfassung über die besonderen Angelegenheiten eines Werkes ist ein Mitglied ausgeschlossen, das Anteile dieses Werkes besitzt oder an dessen Erträgnis beteiligt ist oder dessen Verwaltung oder Aufsichtsrat angehört oder an ihm ein besonderes wirtschaftliches Interesse hat.

Ob eine dieser Voraussetzungen vorliegt, entscheidet

im Zweifelsfalle die Verteilungsstelle unter Ausschluß des beteiligten Mitglieds, ohne daß es der Zuziehung eines Stellvertreters bedarf.

24. Die Entscheidung erfolgt nach der absoluten Mehrheit der Stimmen.

Bei Stimmengleichheit entscheidet die Stimme des Vorsitzenden.

Bilden sich in Beziehung auf Summen, über welche zu entscheiden ist, mehr als zwei Meinungen, deren keine die Mehrheit für sich hat, so werden die für die größte Summe abgegebenen Stimmen den für die zunächst geringere abgegebenen so lange hinzugerechnet, bis sich eine Mehrheit ergibt.

25. Über die Verhandlung ist eine Niederschrift aufzunehmen.

26. Die Urschrift der Entscheidung ist vom Vorsitzenden, im Falle seiner Behinderung von dem nach dem Lebensalter ältesten mitwirkenden Mitglied zu vollziehen.

27. Die Entscheidung ist den Beteiligten in Ausfertigung zuzustellen. Die Ausfertigung ist vom Vorsitzenden, im Falle seiner Behinderung von seinem Stellvertreter zu vollziehen.

28. Die Ausführung sonstiger Dienstgeschäfte kann nach Maßgabe der Geschäftsordnung einzelnen Mitgliedern übertragen werden.

29. Soweit gegen die Entscheidungen der Verteilungsstelle die Beschwerde an den Bundesrat zulässig ist, ist diese beim Bundesrat einzulegen.

Ist die Frist zur Einlegung der Beschwerde versäumt, so finden die Vorschriften der Zivilprozeßordnung über die Wiedereinsetzung in den vorigen Stand entsprechende Anwendung.

Verfahren der Berufungskommission.

(Zu §§ 31, 32.)

30. Die Berufung ist schriftlich einzulegen.

Ist die Frist zur Einlegung der Berufung versäumt, so finden die Vorschriften der Zivilprozeßordnung über die Wiedereinsetzung in den vorigen Stand entsprechende Anwendung.

31. Der Zeitpunkt des Einganges der Berufung ist auf der Berufungsschrift bei deren Eingang zu vermerken.

32. Ist ein Gegner vorhanden, so wird ihm eine Abschrift der Berufungsschrift mit dem Anheimgeben mitgeteilt, innerhalb einer bestimmten, in der Regel nicht länger als auf einen Monat zu bemessenden Frist eine Gegenerklärung einzureichen. Zugleich ist darauf hinzuweisen, daß, wenn die Gegenerklärung innerhalb der Frist nicht eingeht, die Entscheidung nach Lage der Akten erfolgen werde.

33. Der Berufungsschrift, der Gegenschrift und etwaigen weiteren Schriftsätzen sollen zur Mitteilung an den Gegner Abschriften beigefügt werden. Sind die erforderlichen Abschriften nicht beigefügt, so werden sie auf Kosten dessen, der sie beizufügen hatte, angefertigt.

34. Berufungsschriften und Gegenschriften müssen entweder von den Beteiligten selbst oder von ihren gesetzlichen Vertretern oder von ihren Bevollmächtigten unterzeichnet sein. Die Bevollmächtigung muß durch eine schriftliche Vollmacht nachgewiesen werden, die zu den Akten abzugeben ist.

35. Die Berufung hat keine aufschiebende Wirkung.

36. Der Vorsitzende beruft die Berufungskommission und leitet die Verhandlung und Beratung.

37. Die Bestimmungen in den §§ 41 ff. der Zivilprozeßordnung über die Ausschließung und Ablehnung der Richter finden auf die Mitglieder der Berufungskommission entsprechende Anwendung. Über ein Ablehnungsgesuch entscheidet die Berufungskommission unter Ausschluß des abgelehnten Mitglieds, ohne daß es der Zuziehung eines Stellvertreters bedarf; bei Stimmengleichheit entscheidet die Stimme des Vorsitzenden.

38. Die Entscheidung ergeht auf Grund einer mündlichen Verhandlung, wenn eine solche von der Berufungskommission oder von dem Vorsitzenden für zweckdienlich erachtet wird. Auf Antrag eines Beteiligten muß eine mündliche Verhandlung stattfinden.

39. Zeit und Ort zur mündlichen Verhandlung werden von dem Vorsitzenden bestimmt.

Die Beteiligten werden von dem Termin mittels eingeschriebenen Briefes mit dem Bemerken in Kenntnis gesetzt, daß im Falle ihres Ausbleibens nach Lage der Akten werde entschieden werden.

Die Beteiligten können sich in der Verhandlung durch Bevollmächtigte vertreten lassen. Die Bevollmächtigung muß durch eine schriftliche Vollmacht nachgewiesen werden, die zu den Akten abzugeben ist.

40. Die mündliche Verhandlung erfolgt in nicht öffentlicher Sitzung. Sie beginnt mit der Darstellung des Sachverhalts durch den Vorsitzenden oder durch einen von diesem ernannten Berichterstatter. Sodann sind die erschienenen Beteiligten zu hören.

41. Die Berufungskommission ist befugt, Zeugen und Sachverständige zu vernehmen und zu beeidigen.

Hinsichtlich der Verpflichtung, sich als Zeuge oder Sachverständiger vernehmen und beeidigen zu lassen, finden die Bestimmungen der Zivilprozeßordnung entsprechende Anwendung. Gegen Zeugen oder Sachverständige, die sich nicht einfinden, ihre Aussage oder die Eidesleistung ohne Angabe eines Grundes oder nachdem der vorgeschützte Grund für unerheblich erklärt ist, verweigern, kann eine Geldstrafe bis 300 Mark verhängt werden.

Die Zeugen und Sachverständigen erhalten Gebühren nach Maßgabe der Gebührenordnungen für Zeugen und Sachverständige (RGBl. 1898 S. 689).

42. Schon vor der Verhandlung kann der Vorsitzende die zur Aufklärung des Sachverhalts dienlichen Anordnungen treffen, insbesondere Beweiserhebungen einschließlich der eidlichen Vernehmung von Zeugen und Sachverständigen vornehmen lassen.

Er ist in jedem Zeitpunkt des Verfahrens befugt, die Aufnahme des Beweises einem Mitglied zu übertragen.

43. Zu den Beweisverhandlungen sind die Beteiligten zu laden.

44. Die ordentlichen Gerichte haben unter entsprechender Anwendung der §§ 157 ff. des Gerichtsverfassungsgesetzes Rechtshilfe zu leisten.

45. Die Berufungskommission entscheidet innerhalb der erhobenen Ansprüche nach freier Überzeugung.

Die Beratung und Abstimmung ist, auch wenn mündliche Verhandlung stattgefunden hat, geheim.

46. Die Entscheidung erfolgt nach der absoluten Mehrheit der Stimmen.

Bilden sich in Beziehung auf Summen, über welche zu entscheiden ist, mehr als zwei Meinungen, deren keine die Mehrheit für sich hat, so werden die für die größte Summe abgegebenen Stimmen den für die zunächst geringere abgegebenen so lange hinzugerechnet, bis sich eine Mehrheit ergibt.

Bei der Abstimmung stimmt der etwa ernannte Berichterstatter zuerst. Im übrigen richtet sich bei der Abstimmung die Reihenfolge nach dem Lebensalter derart, daß der jüngste zuerst stimmt. Der Vorsitzende stimmt in allen Fällen zuletzt.

47. Die Entscheidung ist mit Gründen zu versehen. Die Urschrift der Entscheidung ist vom Vorsitzenden und sämtlichen Mitgliedern, die an der Entscheidung teilgenommen haben, zu vollziehen.

Die Entscheidung ist den Beteiligten in Ausfertigung zuzustellen. In den Ausfertigungen sind im Eingang die Mitglieder der Berufungskommission, welche an der Entscheidung teilgenommen haben, namentlich aufzuführen und der Tag, an dem die Entscheidung ergangen ist, anzugeben. Die Vollziehung der Ausfertigungen erfolgt durch den Vorsitzenden, im Falle seiner Behinderung durch den stellvertretenden Vorsitzenden.

48. Über die Verhandlung ist eine Niederschrift aufzunehmen.

49. Bei der Entscheidung über eine Berufung hat die Berufungskommission zugleich nach Maßgabe der §§ 91, 92 der Zivilprozeßordnung zu bestimmen, wer die Kosten des Verfahrens zu tragen hat.

Die der Berufungskommission entstandenen Auslagen sind von dem hiernach Zahlungspflichtigen einzuziehen. Die Beitreibung erfolgt durch Vermittelung der nach § 41 zu bestimmenden Landesbehörden im Wege des Verwaltungszwangsverfahrens. Das Gleiche gilt für die Beitreibung der nach Ziff. 41 Abs. 2 festgesetzten Geldstrafen.

Auf Erfordern der Berufungskommission ist von den Berufenden ein Auslagenvorschuß zu zahlen.

Die Höhe der von einem dem anderen Beteiligten zu erstattenden Kosten wird auf Antrag von der Berufungskommission festgesetzt.

Gebühren für das Verfahren vor der Berufungskommission werden nicht erhoben.

Zum X. Abschnitt.

Kontrollmaßregeln.

(Zu § 51.)

Die Verteilungsstelle hat bei der Überwachung des Absatzes von Kalisalzen mitzuwirken. Sie hat ihr Augenmerk besonders darauf zu richten, daß der Absatz von Kalisalzen nach dem Ausland und die Herstellung der im § 2 Abs. 1b und c bezeichneten Erzeugnisse nur durch die dazu Befugten erfolgt und daß die Beteiligung der Kaliwerke am Absatz der verschiedenen Sorten nach dem Inland und nach dem Ausland nicht überschritten wird.

2. Die Kaliwerksbesitzer haben nach näherer Anweisung der Verteilungsstelle die für die Überwachung des Absatzes erforderlichen Aufzeichnungen und Zusammenstellungen zu machen und der Verteilungsstelle von ihnen auf Erfordern Abschriften vorzulegen.

3. Sämtliche Eisenbahnwaggons, welche mit Kalisalzen beladen werden, sind auf dem versendenden Kaliwerke nach näherer Vorschrift der Verteilungsstelle mit einem in die Augen fallenden Zettel zu bekleben, aus dessen Farbe und Aufschrift deutlich zu ersehen ist, ob die Sendung Kalisalze für das Inland oder für das Ausland enthält. Auf dem Zettel ist ferner die Sorte und die Menge der Salze anzugeben. Die Vertauschung solcher Zettel auf Zwischenstationen ist untersagt. Ferner ist die

Umexpedition von ursprünglich für das Inland bestimmten Sendungen nach dem Ausland verboten.

4. Sendungen nach dem Ausland, deren Inhalt in den Begleitpapieren als aus Kalisalzen bestehend angegeben ist, dürfen zur Beförderung nur angenommen werden, wenn die Versendung durch Kaliwerksbesitzer erfolgt (§ 4). Dasselbe gilt von Sendungen nach dem Ausland, für welche Begleitpapiere nicht vorgeschrieben sind, sofern dem Beförderer bekannt ist, daß der Inhalt aus Kalisalzen besteht. Die Versender von Kalisalzen sind verpflichtet, in den Begleitpapieren (Frachtbriefen, Ladescheinen) den Inhalt als aus Kalisalzen bestehend anzugeben.

5. Von allen Versendungen zum Verbrauch oder zur Weiterverarbeitung im Inland, die auf inländischen Wasserstraßen erfolgen, ist der Verteilungsstelle vom Versender vor Beginn der Verladung des Schiffes unter Angabe des Namens des Schiffes und des Schiffers, der versandten Menge und der Art der Salze, der Entladestelle für das Schiff, des Bestimmungsorts und des Empfängers Anzeige zu machen.

6. Werden Kalisalze von einem Kaliwerk an eine in seiner unmittelbaren Nachbarschaft liegende Fabrik zum Zwecke der Weiterverarbeitung zu nicht unter § 2 fallenden Erzeugnissen abgesetzt, so hat der Übergang vom Kaliwerk in die Fabrik unter ständiger Überwachung der Überführung nach näherer Vorschrift der Verteilungsstelle zu erfolgen. Über die über-

geführten Salze ist nach Anweisung der Verteilungsstelle besonders Buch zu führen.

7. Kalisalze dürfen nur über Zollstraßen (§ 17 des Vereinszollgesetzes) ins Ausland gesandt werden.

8. Allen für das Ausland bestimmten Kalisalzsendungen ist ein Versendungsschein nach beiliegendem Muster 3 beizufügen, der vor dem Übergange der Sendung über die Grenze der Grenzzollstelle zu übergeben ist. Diese trägt den Schein in ein Empfangsregister nach Muster 4 ein, bescheinigt den Ausgang der auf dem Scheine verzeichneten Kalisalze und sendet den Schein sodann unter Umschlag an die Verteilungsstelle.

Die Grenzzollstellen haben alle zu ihrer Kenntnis gelangenden Fälle, in denen Kalisalze ohne Versendungsschein oder ohne Bezeichnung als Auslandsendungen ausgeführt werden, der Verteilungsstelle anzuzeigen.

Schlußbestimmung.

Der Reichskanzler wird ermächtigt, die zur Durchführung der vorstehenden Anordnungen erforderlichen Bestimmungen zu erlassen.

Berlin, den 9. Juli 1910.

Der Reichskanzler.

In Vertretung: Delbrück.

Muster 1.

I. Nachweisung der im Monat .... 19.....
abgesetzten Kalisalze.

1. Es sind insgesamt abgesetzt und nach § 27 des Gesetzes vom .... 1910 .... **dz reines Kali** abgabepflichtig.

2. Davon sind abgabepflichtig:

	dz reines Kali
A) nach § 26 des Gesetzes	
a) zum Satze von 10 *M*	....
b) " " " 13 "	....
c) " " " 14 "	....
d) " " " 16 "	....
e) " " " 18 "	....
B) nach § 49 des Gesetzes	
a) zum Satze von .... *M*	....
b) " " " .... "	....
usw.	

(Ort)　　　　(Datum.)

(Unterschrift.)

II. Festsetzung der Abgabe.

Für die vorstehend aufgeführten Mengen wird die Abgabe festgesetzt:

1. nach § 27 des Gesetzes auf . . . . ℳ .... ₰,
2. „ § 26 und § 49 des Gesetzes auf . . . . „ .... „

zusammen .... ℳ .... ₰.

Dieser Betrag ist binnen 14 Tagen bei dem unterfertigten .... Amt zu zahlen.

(Ort.) (Datum.)

.... **Amt.**

(Stempel.) (Unterschrift.)

Der vorstehend festgesetzte Betrag von .... ℳ .... ₰

(i. W.) ....

ist heute richtig eingezahlt worden.

(Ort.) (Datum.)

Einnahmebuch Nr. ....

.... **Amt.**

(Stempel.) (Unterschrift.)

Muster 2.

Hauptamtsbezirk: .... **Steuerhebestelle:** ....

Einnahmebuch für Kaliabgaben

des .... Amts in ....

...... Viertel des Rechnungsjahrs 19 ......

Enthält .... Blätter, die mit einer angesiegelten Schnur durchzogen sind.

...................., den .... 19 ......

....

(Stempel.)

Geführt von ....

....

Lfd. Nr.	Tag der Einzahlung	Des Zahlungspflichtigen		Betrag der Abgabe		Bemerkungen
		Name	Wohnort	nach § 27 des Gesetzes ℳ	nach § 26 und § 49 des Gesetzes ℳ	
1	2	3	4	5	6	7

Muster 3.

Versendungsschein für Kalisalze zur Ausfuhr.

Absender		Art und Menge der Kalisalze in dz	Empfänger		Bezeichnung des Beförderungsmittels und des Ausfuhrweges	Bemerkungen
Name	Wohnort		Name	Wohnort		
1	2	3	4	5	6	7

(Ort.) (Datum.)

(Unterschrift.)

Bescheinigung der Ausfuhr.

Vorstehend bezeichnete Mengen an Kalisalzen sind heute über die Grenze ausgegangen.

Versendungsschein ....
Empfangsbuch Nr. ....

(Ort.) (Datum.)

(Stempel.) .... **Amt.**

Muster 4.

Empfangsbuch für Kalisalz-Versendungsscheine.

Rechnungsjahr 19.......

Enthält .... Blätter, die mit einer angesiegelten Schnur durchzogen sind.

.............................., den .... 19....... Gefährt von ....

....

(Stempel.)

Lfd. Nr.	Tag des Einganges	Des Versenders		Art und Menge der Kalisalze	Tag der Ausfuhr	Der Versendungsschein ist an die Verteilungsstelle gesandt am
		Name	Wohnort			
1	2	3	4	5	6	7

II.

Die in den deutschen Bundesstaaten geltenden gesetzlichen Bestimmungen über die Aufsuchung und Gewinnung des Steinsalzes, der mit diesem auf derselben Lagerstätte vorkommenden Kali-, Magnesia- nnd Borsalze und der Solquellen.

1. Königreich Preußen.

a) Allgemeines Berggesetz vom 24. Juni 1865 i. d. F. der Novelle vom 18. Juni 1907.

§ 1. „Die nachstehend bezeichneten Mineralien sind vom Verfügungsrechte des Grundeigentümers ausgeschlossen: . . . Steinsalz, Kali-, Magnesia- und Borsalze nebst den mit diesen Salzen auf der nämlichen Lagerstätte vorkommenden Salzen und die Solquellen.

Die Aufsuchung und Gewinnung dieser Mineralien unterliegt den Vorschriften des gegenwärtigen Gesetzes."

§ 2 Abs. 1. „Die Aufsuchung und Gewinnung . . . des Steinsalzes sowie der Kali-, Magnesia- und

Borsalze nebst den mit diesen Salzen auf der nämlichen Lagerstätte vorkommenden Salzen und Solquellen steht allein dem Staate zu."

§ 2 Abs. 2. „Der Staat kann das Recht zur Aufsuchung und Gewinnung des Steinsalzes, der Kali-, Magnesia- und Borsalze, sowie der mit diesen Salzen auf der nämlichen Lagerstätte vorkommenden Salze und Solquellen an andere Personen übertragen. Die Übertragung soll in der Regel gegen Entgelt und auf Zeit erfolgen."

§ 3 Abs. 1. „Die Aufsuchung der im § 1 bezeichneten Mineralien auf ihren natürlichen Ablagerungen — das Schürfen — ist in Ansehung der nach § 2 Abs. 1 dem Staate vorbehaltenen Mineralien nur dem Staate und den von diesem ermächtigten Personen, in Ansehung der übrigen Mineralien dagegen einem jeden gestattet."

§ 38b. „Das Bergwerkseigentum an den im § 2 Abs. 2 bezeichneten Mineralien wird dem Staate durch den Minister für Handel und Gewerbe verliehen.

Die Verleihung ist von dem Nachweis abhängig, daß das Mineral innerhalb des zu verleihenden Feldes auf seiner natürlichen Ablagerung in solcher Menge und Beschaffenheit entdeckt worden ist, daß eine zur wirtschaftlichen Verwertung führende bergmännische Gewinnung des Minerals möglich erscheint.

Die Verleihung erfolgt durch Ausstellung einer mit Siegel und Unterschrift zu versehenden Urkunde, welche die im § 34 unter Ziffer 1 bis 6 aufgezählten Angaben enthalten und mit einem von einem konzessionierten Markscheider oder vereidigten Feldmesser angefertigten, der Vorschrift im § 17 Abs. 1 entsprechenden Situationsrisse verbunden werden muß.

Die Verleihungsurkunde ist durch den Deutschen Reichs- und Königlich Preußischen Staatsanzeiger zu veröffentlichen."

§ 38c. „Das nach Maßgabe des § 38b begründete Bergwerkseigentum des Staates an den im § 2 Abs. 2 genannten Mineralien kann in der Weise belastet werden, daß demjenigen, zu dessen Gunsten die Belastung erfolgt, auf Zeit das vererbliche und veräußerliche Recht zusteht, die im § 2 Abs. 2 bezeichneten Mineralien oder einzelne dieser Mineralien innerhalb des auf dem Situationsriß angegebenen Feldes nach den Bestimmungen des gegenwärtigen Gesetzes aufzusuchen und zu gewinnen und alle hierzu erforderlichen Anlagen unter und über Tage zu treffen.

Während des Bestehens eines nach Abs. 1 begründeten Gewinnungsrechts finden alle Vorschriften des gegenwärtigen Gesetzes über die Rechte und Pflichten des Bergwerkseigentümers (Bergwerksbesitzers, Bergbautreibenden, Werksbesitzers) mit Ausnahme der §§ 39, 55, 65, 156 bis 162 und 164 mit der Maßgabe Anwendung, daß an die Stelle des Bergwerkseigentümers (Bergwerksbesitzers, Bergbautreibenden, Werksbesitzers) der Gewinnungsberechtigte tritt.

Steht ein Gewinnungsrecht der im Abs. 1 bezeichneten Art zwei oder mehreren Mitberechtigten zu, so finden auf die Rechtsverhältnisse der Mitberechtigten die Vorschriften des vierten Titels des gegenwärtigen Gesetzes Anwendung."

b) Sonderbestimmungen für die Provinz Hannover.

VO. vom 8. Mai 1867, betr. die Einführung des Allgemeinen Berggesetzes vom 24. Juni 1865 in das Gebiet des vormaligen Königreichs Hannover.

Art. II. „Von den im § 1 des Allgemeinen Berggesetzes von dem Verfügungsrechte des Grundeigentümers ausgeschlossenen Mineralien kommen, vorbehaltlich der bestehenden Berechtigungen, Steinsalz nebst den mit demselben auf der nämlichen Lagerstätte vorkommenden Salzen und die Solquellen in Wegfall."

Durch die Gesetze vom 14. Juli 1895 und vom 26. Juni 1904 sind verschiedene Bestimmungen des Allgemeinen Berggesetzes vom 24. Juni 1865 auf den Stein- und Kalisalzbergbau und auf Arbeiten zur Aufsuchung von Stein- und Kalisalz und von Solquellen in der Provinz Hannover ausgedehnt worden. Das durch Art. II der Verordnung vom 8. Mai 1867 festgestellte Verfügungsrecht des Grundeigentümers über diese Mineralien ist jedoch unberührt geblieben.

Gesetz über die Bestellung von Salzabbaugerechtigkeiten in der Provinz Hannover vom 4. August 1904.

§ 1. „Das Recht zur Gewinnung von Stein- und Kalisalzen kann von dem Eigentum an dem Grundstück, in welchem die genannten Mineralien anstehen, abgetrennt und als selbständige Gerechtigkeit für den Grundeigentümer oder einen anderen bestellt werden (Salzabbaugerechtigkeit)."

c) Sonderbestimmungen für Westpreußen und einige Kreise Pommerns.

§ 210 Abs. 1 des Allgemeinen Berggesetzes vom 24. Juni 1865:

„In denjenigen Landesteilen, in welchen das unter dem 19. April 1844 publizierte Provinzialrecht für Westpreußen Anwendung findet, sind nur Steinsalz und Solquellen den Bestimmungen des gegenwärtigen Gesetzes unterworfen."

Art. III unter II des Gesetzes vom 4. August 1865:

„Die im § 210 des Allgemeinen Berggesetzes vom 24. Juni 1865 für den Geltungsbereich des Provinzialrechts für Westpreußen getroffenen Bestimmungen sind auch für die im Art. I benannten Landesteile maßgebend."

Im Art. I des Gesetzes vom 4. August 1865 sind benannt die Kreise Lauenburg und Bütow sowie die

Kreise Belgard, Dramburg und Neustettin, welche früher zu Westpreußen gehört haben.

2. Königreich Bayern.

Berggesetz für das Königreich Bayern vom $\frac{\text{20. März 1869}}{\text{30. Juni 1900}}$ i. d. F. der Bek. vom 20. Juli 1900.

Art. 2. „Die Aufsuchung und Gewinnung von Steinsalz nebst den mit demselben auf der nämlichen Lagerstätte vorkommenden Salzen, namentlich Kali-, Magnesia- und Borsalzen, sowie der Solquellen bleibt dem Staate vorbehalten.

Das Staatsministerium der Finanzen ist jedoch befugt, die Erlaubnis hierzu Einzelnen oder Gemeinschaften zu erteilen."

3. Königreich Sachsen.

Allgemeines Berggesetz für das Königreich Sachsen vom 16. Juni 1868 i. d. F. des Ges. vom 12. Februar 1909.

§ 5. „Die Aufsuchung und Gewinnung von Steinsalz nebst den mit ihm auf der nämlichen Lagerstätte vorkommenden Salzen sowie die Aufsuchung von Salzquellen und ihre Benutzung zur Salzgewinnung bleibt dem Staate vorbehalten. Er kann die Ausübung dieses Rechtes auf andere übertragen.

Die Ausübung dieses Rechts gilt als Bergbau

auf verliehene Mineralien im Sinne des Allgemeinen Berggesetzes."

4. Königreich Württemberg.

Berggesetz vom 7. Oktober 1874 i. d. F. des Ges. vom 17. Februar 1906.

Art. 3 Abs. 2. „Das Schürfen nach Steinsalz nebst den mit ihm auf der nämlichen Lagerstätte vorkommenden Salzen, namentlich Kali-, Magnesia- und Borsalzen, sowie nach Solquellen ist ausschließlich dem Staate vorbehalten. Durch Königliche Verordnung kann das Schürfen nach diesen Mineralien dritten Personen gestattet werden."

Art. 14 Abs. 2. „Eine Mutung auf die im Art. 3 Abs. 2 dem Staate vorbehaltenen Mineralien kann jedoch, sofern sie nicht von dem Staate selbst ausgeht, nur auf Grund einer durch Königliche Verordnung erteilten Ermächtigung erfolgen."

5. Großherzogtum Baden.

Berggesetz vom 22. Juni 1890.

§ 2. „Die Ausbeutung von Salzablagerungen und Solquellen bleibt dem Staate vorbehalten.

Es kann jedoch hierzu seitens des Finanzministeriums an Einzelne oder Gemeinschaften eine Konzession erteilt werden."

Nach der Begründung des Gesetzes sind unter dem Begriff „Salzablagerungen" die Abraumsalze mitzuverstehen.

6. Großherzogtum Hessen.

Berggesetz vom 28. Januar 1876 i. d. F. des Ges. vom 28. März 1908.

Art. 1. „Die nachstehend bezeichneten Mineralien, und zwar

. . . .

4. Steinsalz nebst den mit ihm auf der nämlichen Lagerstätte vorkommenden Salzen und die Solquellen sind von dem Verfügungsrechte des Grundeigentümers ausgeschlossen. Ihre Aufsuchung und Gewinnung unterliegt den Vorschriften des gegenwärtigen Gesetzes und ist:

a) . . . .

b) hinsichtlich der unter Nr. 4 aufgeführten Mineralien dem Staate vorbehalten; dieser kann die Erlaubnis hierzu Dritten erteilen."

7. Großherzogtum Mecklenburg-Schwerin.

VO. vom 16. Mai 1879, betr. die Aufsuchung und Gewinnung von Steinsalz und anderen Salzen.

§ 1. „Steinsalz nebst den mit demselben zusammen vorkommenden Salzen, namentlich die Kali-, Magnesia- und Borsalze und die in den in Betrieb zu nehmenden Salzlagern vorkommenden Solquellen sind von dem Verfügungsrechte des Grundeigentümers ausgeschlossen.

Die Aufsuchung und Gewinnung genannter Mineralien in unseren Landen bleibt ausschließlich unserer Regierung vorbehalten."

11*

8. Großherzogtum Sachsen.

Berggesetz vom 1. März 1905.

§ 3. „Die Aufsuchung und Gewinnung der Salze und der Salzquellen bleibt dem Staate vorbehalten.

Dieses Recht kann vom Staatsministerium unter den von ihm festzustellenden Bedingungen einem andern übertragen werden."

§ 37. „Bei Verleihungen auf Salze und Salzquellen sind die vom Staatsministerium festgestellten Verleihungsbedingungen in die Verleihungsurkunde aufzunehmen. Diese Verleihungsbedingungen bleiben bei allen Veränderungen des Bergwerkseigentums in jedem Falle maßgebend."

9. Großherzogtum Mecklenburg-Strelitz.

VO. vom 27. Februar 1907, betr. die Aufsuchung und Gewinnung von Steinsalz und anderen Salzen.

„Die Aufsuchung und Gewinnung von Steinsalz nebst den mit demselben zusammen vorkommenden Salzen, namentlich von Kali-, Magnesia- und Borsalzen, durch den Grundeigentümer oder durch Dritte bleibt bis zum 31. Dezember 1911 ausgeschlossen.

Wenn bis zum 31. Dezember 1911 eine anderweitige gesetzliche Regelung dieser Materie nicht zustande kommt, so tritt alsdann derjenige Rechtszustand wieder ein, welcher vor Erlaß dieses Gesetzes vorhanden gewesen ist."

Vor Erlaß der Verordnung vom 27. Februar 1907 galt in Mecklenburg-Strelitz das gemeine deutsche Bergrecht.

10. Großherzogtum Oldenburg.

a) Berggesetz für das Herzogtum Oldenburg und für das Fürstentum Lübeck vom 3. April 1908.

§ 1. „Die nachstehend bezeichneten Mineralien sind von dem Verfügungsrechte des Grundeigentümers ausgeschlossen:

. . . .

Steinsalz und die mit diesem auf der nämlichen Lagerstätte vorkommenden Salze, namentlich die Kali-, Magnesia- und Borsalze, und die Solquellen.

. . . .“

§ 2. „Das Recht, die im § 1 bezeichneten Mineralien aufzusuchen und zu gewinnen, steht allein dem Staate zu.

Zur Nutzbarmachung dieses Rechts kann der Staat eigenen Bergbau betreiben oder das Recht an andere Personen übertragen.

Die Aufsuchung und Gewinnung der im § 1 bezeichneten Mineralien — der Betrieb eines Bergwerks — haben die Verleihung des Bergwerkseigentums zur Voraussetzung.“

§ 4 Abs. 1. „Die Verleihung des Bergwerkseigentums an den Staat oder andere Personen erfolgt durch das Staatsministerium. Die Verleihung an andere Personen bedarf der Zustimmung des Landtags."

b) Berggesetz für das Fürstentum Birkenfeld vom 18. März 1891.

§ 1. „Die nachstehend bezeichneten Mineralien sind von dem Verfügungsrechte des Grundeigentümers ausgeschlossen:

. . . .

Steinsalz nebst den mit demselben auf der nämlichen Lagerstätte vorkommenden Salzen und die Solquellen . . . .

§ 3. „Die Aufsuchung der im § 1 bezeichneten Mineralien auf ihren natürlichen Ablagerungen — das Schürfen — ist unter Befolgung der nachstehenden Vorschriften einem jeden gestattet."

§ 22. „Die den gesetzlichen Erfordernissen entsprechende Mutung begründet einen Anspruch auf Verleihung des Bergwerkseigentums."

11. Herzogtum Braunschweig.

Ges. betr. die Aufsuchung und Gewinnung des Steinsalzes, der Kali- und Magnesiasalze und der Solquellen vom 19. Mai 1894 i. d. F. des Ges. vom 25. Februar 1899.

Art. II. „Die Aufsuchung und Gewinnung des Steinsalzes, der Kali- und Magnesiasalze und der Solquellen steht fortan ausschließlich dem Staate zu.

Die Vorschriften des Berggesetzes über das Muten und Verleihen bleiben für den auf Grund der vorstehenden Bestimmung zu eröffnenden Bergbau des Staates außer Anwendung.

Soll betreffs der in Abs. 1 genannten Mineralien ein Bergwerkseigentum begründet werden, so ist dazu ein unter Beobachtung des § 27 des Berggesetzes zu fassender und nach § 36 daselbst urkundlich zu machender Beschluß der Bergbehörde erforderlich und genügend."

12. Herzogtum Sachsen-Meiningen.

Ges. vom 1. Juli 1894, betr. einen Nachtrag zum Berggesetz vom 17. April 1868.

§ 2. „Die Aufsuchung und Gewinnung von Steinsalz, von Kali- und Magnesiasalzen und von Solquellen steht unbeschadet der Bestimmungen der §§ 3 und 4 des gegenwärtigen Gesetzes fortan nur dem Staate und denjenigen zu, denen die Herzogliche Staatsregierung die Befugnis hierzu einräumt."

Die im § 2 angezogenen §§ 3 und 4 enthalten Übergangsbestimmungen.

Das Berggesetz vom 17. April 1868 ist unter dem 18. Februar 1904 mit Berücksichtigung der Nachträge unter neuer Numerierung der Artikel veröffentlicht worden.

13. Herzogtum Sachsen-Altenburg.

Ges. vom 18. Mai 1896, die Gewinnung von Steinsalz usw. betreffend.

§ 1a. „Die Aufsuchung und Gewinnung des Steinsalzes, der Kali- und Magnesiasalze und der

Solquellen steht fortan ausschließlich dem Staate und denen, welchen die Herzogliche Regierung die Befugnis hierzu einräumt, zu. Die Vorschriften des Berggesetzes über das Muten und Verleihen bleiben für den auf Grund der vorstehenden Bestimmungen zu eröffnenden Bergbau außer Anwendung."

14. Herzogtum Sachsen-Coburg und Gotha.

Ges. für das Herzogtum Coburg vom 23. November 1895 und Gesetz für das Herzogtum Gotha vom 9. August 1894, beide aufrechterhalten durch § 220 des gemeinschaftlichen Berggesetzes für die Herzogtümer Coburg und Gotha vom 23. Oktober 1899.

§ 1 (in beiden Gesetzen übereinstimmend). „Die Aufsuchung und Gewinnung von Steinsalz nebst den mit demselben auf der nämlichen Lagerstätte vorkommenden Salzen (den sog. Abraumsalzen, namentlich den Kali-, Magnesia- und Borsalzen) sowie der Solquellen steht fortan nur dem Staate und denjenigen zu, denen die Herzogliche Staatsregierung die Befugnis hierzu einräumt."

15. Herzogtum Anhalt.

Berggesetz für das Herzogtum Anhalt vom 20. März 1896 i. d. F. des Ges. vom 24. März 1909.

§ 1a. „Das Recht zur Aufsuchung und Gewinnung des Steinsalzes sowie der Kali-, Magnesia- und Borsalze nebst den mit diesen Salzen auf der nämlichen Lagerstätte vorkommenden Salzen und Solquellen steht allein dem Staate zu.

. . . .

Der Staat kann das Recht zur Aufsuchung und Gewinnung des Steinsalzes, der Kali-, Magnesia- und Borsalze sowie der mit diesen Salzen auf der nämlichen Lagerstätte vorkommenden Salze und Solquellen an andere Personen übertragen. Die Übertragung soll in der Regel gegen Entgelt und auf Zeit erfolgen."

§ 1b. „Insoweit unter der Herrschaft des in § 1 erwähnten Berggesetzes ein Bergwerkseigentum auf obengenannte Mineralien bereits erworben worden ist, bleiben die erworbenen Berechtigungen bestehen; mit Ausnahme des Steinsalzes bedarf es jedoch zur Gewinnung der in der Verleihungsurkunde bezeichneten Mineralien der vorgängigen Genehmigung der Oberbergbehörde."

§ 1c. „Die Erteilung der Genehmigung zum Abbau der in Verbindung mit dem Steinsalze vorkommenden Salze, namentlich der Kali-, Magnesia- und Borsalze, ist von dem Nachweise abhängig zu machen, daß die Art und Weise, in welcher die Verwendung bzw. die Verarbeitung der genannten Mineralien erfolgen soll, der Wohlfahrt des Landes oder einzelner Teile desselben nicht zum Nachteil gereicht.

Wird dieser Nachweis erbracht, so hat die Oberbergbehörde die beantragte Genehmigung zur Gewinnung der bezeichneten Mineralien zu erteilen. Dieselbe ist jedoch wieder zurückzuziehen, sobald die gewonnenen Salze auf eine andere, das gemeine Wohl gefährdende Weise verwendet bzw. verarbeitet werden.

Gegen die Aussprüche der Oberbergbehörde findet mit Ausschluß des Rechtsweges nur ein Rekurs an das Staatsministerium innerhalb der im § 181 dieses Gesetzes festgesetzten Frist statt."

16. Fürstentum Schwarzburg-Sondershausen.

Berggesetz vom 6. März 1894.

§ 3. „Die Aufsuchung und Gewinnung von Steinsalz und der auf der nämlichen Lagerstätte vorkommenden Salze (der sogenannten Abraumsalze, namentlich der Kali-, Magnesia- und Borsalze) sowie der Salzquellen bleibt dem Staate vorbehalten.

Es kann jedoch von dem Ministerium hierzu die Erlaubnis unter besonderen Bedingungen erteilt werden."

§ 4. „Bei der vom Staate oder auf Grund einer Erlaubnis von sonstigen Unternehmern betriebenen Ausbeutung der im § 3 bezeichneten Salze und Salzquellen finden hinsichtlich der öffentlich-rechtlichen Verpflichtungen und Beschränkungen des Betriebes, hinsichtlich der Verhältnisse des Unternehmers zu anderen Bergwerksbesitzern und Mutern, zu den Grundbesitzern und zu den beim Betriebe beschäftigten

Personen, sowie hinsichtlich der Rechtsverhältnisse der bei einer Privatunternehmung Mitbeteiligten die Vorschriften dieses Gesetzes entsprechende Anwendung."

17. Fürstentum Schwarzburg-Rudolstadt.

Berggesetz vom 20. März 1894.

§ 2. „Die Aufsuchung und Gewinnung von Steinsalz und der auf der nämlichen Lagerstätte vorkommenden Salze sowie der Salzquellen bleibt dem Staate vorbehalten."

Es kann jedoch von dem Ministerium hierzu die Erlaubnis unter besonderen Bedingungen erteilt werden."

18. Fürstentum Waldeck und Pyrmont.

Ges. betr. die Einführung des Preußischen Allgemeinen Berggesetzes vom 24. Juni 1865 in die Fürstentümer Waldeck und Pyrmont, vom 1. Januar 1869 i. d. F. des Ges. vom 30. Dezember 1907.

§ 2. „Die Aufsuchung und Gewinnung . . . des Steinsalzes sowie der Kali-, Magnesia- und Borsalze nebst den mit diesen Salzen auf der nämlichen Lagerstätte vorkommenden Salzen und Solquellen (bezüglich der letzteren mit Ausnahme derjenigen im Fürstentum Pyrmont) steht allein dem Staate zu.

Der Staat kann das Recht zur Aufsuchung und Gewinnung der im Abs. 1 bezeichneten Mineralien an andere Personen übertragen. Die Übertragung soll gegen Entgelt und auf Zeit erfolgen. Sie geschieht durch den Landesdirektor unter Zustimmung des Königlich Preußischen Ministers für Handel und Gewerbe."

Das Gesetz enthält ferner in § 3 Abs. 1, § 38b und § 38c die oben unter 1 wiedergegebenen Bestimmungen der §§ 3 Abs. 1, 38b und 38c des Preußischen Allgemeinen Berggesetzes.

19. Fürstentum Reuß älterer Linie.

Gesetzliche VO. vom 1. April 1857.

§ 2. „... alle Salzarten, vorzüglich Steinsalz, Salpeter, Vitriol und Alaun, sowie die Salzquellen gehören zum Bergregal."

§ 5. „Die Aufsuchung und Benutzung solcher Fossilien, welche zu dem landesherrlichen Bergregale gehören (§ 1), ist niemandem, auch dem Grundeigentümer auf seinem Eigentum nicht gestattet, wenn er nicht besondere landesherrliche Erlaubnis dazu nachgesucht und erhalten hat.

Wir werden aber diese Erlaubnis da, wo nicht besondere Gründe entgegenstehen, unter den unten (§§ 6 bis 12) bezeichneten Voraussetzungen und Bedingungen erteilen lassen."

§ 6. „Wer in Unserm Fürstentum auf Fossilien schürfen will, welche zum Bergregal gehören, hat sein Gesuch um diesfallsige Erlaubnis bei Unserer Landesregierung anzubringen, welche sich wegen Erteilung derselben mit Unserer Kammer, und wenn es sich um Forstareal handelt, mit Unserm Forstdepartement in Einvernehmen zu setzen, auch die berichtliche Äußerung der zuständigen Justizbehörde, ingleichen des Gerichts- und Lehnsherrn zu erfordern hat.

In dem Gesuche ist genau die Örtlichkeit, wo geschürft werden soll, und die Gattung von Fossilien anzugeben, auf welche der Bittsteller die Schürferlaubnis zu erhalten wünscht."

§ 8. „Bei der Beschlußnahme über das Gesuch ist besonders in Erwägung zu ziehen, ob Wahrscheinlichkeit vorhanden ist, das vermutete Mineral zu finden, und ob der Antragsteller sich im Besitz der Mittel befindet, den Bau zu unternehmen.

20. Fürstentum Reuß jüngerer Linie.

Nachtragsgesetz vom 5. März 1907 zum Berggesetz für das Fürstentum Reuß jüngerer Linie vom 9. Oktober 1870.

§ 1a. „Die Gewinnung des Steinsalzes und der auf der nämlichen Lagerstätte vorkommenden Salze (namentlich der Kali-, Magnesia- und Borsalze) sowie der Solquellen bleibt dem Staate und denjenigen vorbehalten, welchen das Fürstliche Ministerium die Befugnis hierzu einräumt.

Die von dem Fürstlichen Ministerium nach Maßgabe des Absatzes 1 abgeschlossenen Verträge sind dem Landtage bei seinem nächsten Zusammentritt zur Kenntnisnahme vorzulegen.

Die Vorschriften des Berggesetzes über das Muten und Verleihen finden für den auf Grund dieses Paragraphen zu eröffnenden Bergbau keine Anwendung."

21. Fürstentum Schaumburg-Lippe.

Berggesetz vom 28. März 1906.

§ 1. „Das Recht, die nachstehend bezeichneten Mineralien aufzusuchen und zu gewinnen, steht allein dem Staate zu.

Diese Mineralien sind: . . . Steinsalz und die mit demselben auf der nämlichen Lagerstätte vorkommenden Salze, namentlich die Kali-, Magnesia- und Borsalze und die Solquellen . . ."

§ 3. „Das Ministerium ist befugt, zur Aufsuchung und Gewinnung der im § 1 bezeichneten Mineralien

a) eigenen Bergbau zu betreiben,
b) das Bergwerkseigentum zu verleihen (§§ 4 ff.) und
c) mit Unternehmern nach den Regeln des bürgerlichen Rechts Verträge abzuschließen."

22. Fürstentum Lippe.

Bergordnung vom 30. September 1857.

§ 3. „Die Gewinnung des Salzes sowohl als Steinsalz wie auch als Sole, desgleichen die Benutzung der Salze und Mineralquellen zu Brunnen- und Badeanstalten bleibt ausschließlich der Landesherrschaft vorbehalten."

23. Freie und Hansestadt Lübeck.

Berggesetz vom 28. Oktober 1895 i. d. F. des Nachtrags vom 21. März 1904.

§ 2. „Die Aufsuchung und Gewinnung von Steinsalz und der auf der nämlichen Lagerstätte vorkommenden Salze sowie der Salzquellen .... bleibt dem Staate vorbehalten.

Die Erteilung der Erlaubnis hierzu an Unternehmer und die nähere Feststellung der Bedingungen erfolgt durch Rat- und Bürgerbeschluß.

24. Freie und Hansestadt Bremen.

Ges. vom 19. Juli 1906, betr. die Aufsuchung und Gewinnung von Bitumen und Salzen.

§ 1. „Die nachstehend bezeichneten Mineralien, nämlich:

1. . . . .
2. Steinsalz nebst den auf derselben Lagerstätte vorkommenden Salzen (den sog. Abraumsalzen, namentlich den Kali-, Magnesia- und Borsalzen) und Salzquellen

sind von dem Verfügungsrecht der Grundeigentümer ausgeschlossen."

§ 2. „Die Aufsuchung und Gewinnung der im § 1 bezeichneten Mineralien bleibt dem Staate vorbehalten."

25. Freie und Hansestadt Hamburg.

Ges. vom 20. September 1907, betr. die Regelung einzelner bergrechtlicher Verhältnisse.

§ 1. „Steinsalz und die mit diesem auf derselben Lagerstätte vorkommenden sonstigen Salze sowie Sole . . . sind von dem Verfügungsrechte des Grundstückseigentümers ausgeschlossen. Das Recht zur Aufsuchung und Gewinnung dieser Mineralien steht dem Staate zu und kann von diesem einem andern übertragen werden. Im Falle der Übertragung ist der Erwerber zu einer Weiterübertragung oder zur Überlassung der Ausübung des Rechts an einen andern nur mit Zustimmung der Aufsichtsbehörde befugt."

26. Elsaß-Lothringen.

Berggesetz für Elsaß-Lothringen vom 16. Dezember 1873.

§ 1. „Die nachstehend bezeichneten Mineralien sind von dem Verfügungsrechte des Grundeigentümers ausgeschlossen.

. . . .

Diese Mineralien sind:

. . . .

Steinsalz nebst den mit denselben auf der nämlichen Lagerstätte vorkommenden Salzen und die Solquellen."

§ 4. „Die Aufsuchung der im § 1 bezeichneten Mineralien auf ihren natürlichen Ablagerungen — das Schürfen — ist unter Befolgung der nachstehenden Vorschriften einem jeden gestattet."

§ 23. „Die den gesetzlichen Erfordernissen entsprechende Mutung begründet einen Anspruch auf Verleihung des Bergwerkseigentums."

Sachregister.

(Die Zahlen bedeuten die Seiten.)

Herrosé & Ziemsen, G. m. b. H., Wittenberg.

Guttentag'sche Sammlung

Deutscher Reichsgesetze.

Text-Ausgaben mit Anmerkungen. Taschenformat.

1. **Verfassung des Deutschen Reichs.** Von Dr. **L. von Rönne.** 9. Aufl. von Landrat **P. von Rönne.** 1904. Mit Abänderungen vom Mai 1906. 2 M. 40 Pf.
2. **Strafgesetzbuch** für das Deutsche Reich. Von Dr. **H. Rüdorff.** 23. Aufl. neubearbeitet von Prof. Dr. **Fr. v. Liszt** und Dr. **Ernst Delaquis.** 1910. 1 M. 80 Pf.
3. **Militärstrafgerichtsordnung** nebst Einführungsgesetz Von Wirkl. Geheimen Kriegsrat Dr. jur. **A. Romen** u. Kriegsgerichtsrat Dr. jur. **Carl Rissom.** 1910. 6 M.
4. **Handelsgesetzbuch vom 10. Mai 1897** unter Ausschluß des Seerechts. 14. Aufl. herausgegeben von Geh. Justizrat Prof. Dr. **A. Mosse.** 1910. 2 M.
5. **Allgemeine Deutsche Wechselordnung.** 10. Aufl. von Justizrat Dr. **J. Stranz** und Rechtsanwalt Dr. **M. Stranz,** und das Reichsgesetz über die Wechselstempelsteuer von Geh. Regierungsrat **P. Loeck.** 10. Aufl. 1909. 3 M.

5a. **Wechselstempelsteuergesetz** apart. 10. Aufl. 1 M. 25 Pf.

6. **Reichsgewerbeordnung** nebst Ausführungsbestimmungen. Von **Berger** und **Wilhelmi.** 18. veränderte und sehr vermehrte Auflage von Stadtrat Dr. **Karl Flesch** in Verbindung mit Dr. **Friedr. Hiller** u. Dr. **Herm. Luppe.** 1910. 4 M.

Ergänzungsband: **Preußische Ausführungsanweisung.** 1904. 2 M.

7. **Post- und Telegraphen-Gesetzgebung.** Nebst Weltpostvertrag und internationalem Telegraphenvertrag. 6. Aufl. von Geh. Ober-Postrat Dr. **M. König.** 1908. 4 M.

8. Die Reichsgesetze über den **Unterstützungswohnsitz die Freizügigkeit, den Erwerb und Verlust der Bundes- und Staatsangehörigkeit.** Von Geheimrat Dr. **J. Krech,** Mitglied d. Bundesamtes für das Heimatwesen. 7. Aufl. Mit Anhang: Gesetz für Elsaß-Lothringen v. 1909. 1908. 3 M.

9. Sammlung **kleinerer strafrechtlicher Reichsgesetze.** Bearbeitet von **M. Werner,** Geh. Ober-Regierungsrat. 2. Aufl. 1903. 3 M.

10. **Das Reichsbeamtengesetz** von **J. Pieper.** 2. Aufl. 1901. 4 M. 50 Pf.

— In der Fassung von 1907 siehe Nr. 82.

11. **Zivilprozeßordnung mit Gerichtsverfassungsgesetz.** in den neuesten Fassungen. Von **R. Sydow.** Fortgeführt von **L. Busch.** 12. Aufl. mit Nachtrag betr. Zuständigkeit des Reichsgerichts v. 22. V. 1910. 8⁰. 1910. 6 M. 50 Pf.

Die Novelle als Anhang der 12. Aufl. enth. das Gesetz v. 22. V. 1910.

12. **Strafprozeßordnung und Gerichtsverfassungsgesetz** nebst den Gesetzen, betr. die Entschädigung der im Wiederaufnahmeverfahren freigesprochenen Personen und die Entschädigung für unschuldig erlittene Untersuchungshaft. Von Dr. **A. Hellweg**, Reichsgerichtsrat. 15. Aufl. 1908. 2 M.

13. **Konkursordnung und Anfechtungsgesetz.** Von **R. Sydow.** Fortgeführt von **L. Busch.** 10. Aufl. 1906. 2 M. 25 Pf.

14. **Gerichtsverfassungsgesetz** mit Einführungsgesetz. Herausgegeben von **R. Sydow.** Fortgeführt von **L. Busch.** 9. Aufl. 1905. Mit Nachtrag v. 1. VI. 1909. 1 M. 50 Pf.

15. **Das Deutsche Gerichtskostengesetz** nebst den Gebührenordnungen für Gerichtsvollzieher, Zeugen und Sachverständige. Von **R. Sydow.** Weiter bearbeitet von **L. Busch.** 8. Aufl. 1907. Mit Nachtrag v. 1. VI. 1909. 2 M.

16. **Rechtsanwaltsordnung.** Von **R. Sydow.** 6. Aufl. von Justizrat **M. Jacobsohn.** 1907. 1 M. 20 Pf.

17. **Die Deutsche Gebührenordnung für Rechtsanwälte und das Preußische Gebührengesetz** vom 27. September / 6. Oktober 1899. **Von R. Sydow.** Fortgeführt von **L. Busch.** 9. Aufl. 1910. 2 M.

18. **Reichsstempelgesetz (Börsensteuer, Frachturkunde, Kraftfahrzeuge, Personenfahrkarte, Tantieme für Aufsichtsratsmitglieder).** Vom 15. Juli 1909. Von **P. Loeck,** Geh. Regierungsrat. 10. Aufl. 1910. 8°. M. Pf.

19. **Die Seegesetzgebung.** Von Dr. **W. E. Knitschky.** 4. Aufl. bearbeitet von Oberlandesgerichtsrat **Otto Rudorff** in Hamburg. 1908. Mit Anhang vom Januar und Juli 1909. 6 M.

20. **Krankenversicherungsgesetz.** Von weil. Dr. **E. von Woedtke.** 11. Aufl. von Geh. Reg.-Rat Dr. **G. Eucken-Addenhausen.** 1905. 3 M.

21. Die **Konsulargesetzgebung.** Von Professor Dr. **Ph. Zorn.** 2. Aufl. 1901. 3 M.

22. **Patentgesetz.** Nebst Ausführungsbestimmungen, völkerrechtlichen Verträgen und der Patentanwalts-Ordnung. 7. Aufl. bearbeitet von **R. Lutter,** Geh. Reg.-Rat im Kaiserl. Patentamt. 1908. 2 M. 80 Pf.

23. **Gewerbe-Unfallversicherungsgesetz.** Von weil. Dr. **E. v. Woedtke.** 9. Aufl. von **Franz Caspar,** Direktor im Reichsamt des Innern. 1907. 2 M. 50 Pf.

24. **Aktiengesellschaft und Kommanditgesellschaften auf Aktien.** Von Justizrat Dr. **H. Veit Simon** und Amtsrichter **L. Keyssner.** 1910. 6. Aufl. Im Druck.

25. **Brausteuergesetz** vom 15. Juli 1909. Von **A. Düffe**, Oberzollrevisor. 2. Aufl. 1909. 3 M.

26. **Die Reichsgesetzgebung über Münz- und Notenbankwesen**, Papiergeld, Prämienpapiere und Reichsschulden. Von Dr. jur. **R. Koch**, Präsident des Reichsbankdirektoriums. 6. Aufl. 1910. 4 M.

27. Die Gesetzgebung, betr. das **Gesundheitswesen** im Deutschen Reich. Von Dr. jur. **C. Goesch** und Dr. med. **J. Karsten.** 1888. 1 M. 60 Pf.

28. **Bau-Unfallversicherungsgesetz.** Vom 30. Juni 1900. Von **R. Chrzescinski**, Kaiserl. Regierungsrat. 3. Aufl. 1900. 2 M.

29. **Erwerbs- und Wirtschaftsgenossenschaften.** Von **L. Parisius** und Dr. **H. Crüger.** 13. Aufl. von Dr. **H. Crüger.** 1910. 1 M. 50 Pf.

30. **Invalidenversicherungsgesetz** vom 13. Juli 1899. Von weil. Dr. **E. v. Woedtke.** 10. Aufl. von Regierungsrat **H. Follmann.** 1906. 4 M.
Siehe auch Handausgabe von Freund Seite 24.

31. **Gewerbegerichtsgesetz.** Von Stadtrat **L. Mugdan.** 6. Aufl. bearbeitet von **W. Cuno**, Erstem Bürgermeister zu Hagen i. W. 1906. 2 M. 20 Pf.

32. **Reichsgesetz, betr. die Gesellschaften mit beschränkter Haftung.** Von **L. Parisius** und Dr. **H. Crüger.** 10. Aufl. von Dr. **H. Crüger.** 1910. 1 M. 40 Pf.

33. **Vereins- und Versammlungsrecht.** Von Dr. **E. Ball.** 2. Aufl. von Dr. **F. Friedenthal.** 1907. 2 M. 50 Pf.
Reichs-Vereinsgesetz vom 19. April 1908 vide Nr. 88.

34. Die **Abzahlungsgeschäfte.** Gesetz vom 16. Mai 1894. 3. vermehrte Aufl. besorgt von Dr. **E. Wilke,** Landgerichtsrat. 1910. 1 M. 25 Pf.

35. Die **Reichs-Eisenbahngesetzgebung.** Von **W. Coermann,** Kaiserl. Amtsrichter. 1895. 2 M. 25 Pf.

36. **Gesetze, betr. die privatrechtlichen Verhältnisse der Binnenschiffahrt und der Flößerei.** Von **E. Löwe,** Landgerichtsrat. 4. Aufl. 1909. 3 M.

37. Gesetz gegen den **unlauteren Wettbewerb.** 6. Auflage. Von Justizrat **Pinner.** 1910. 1 M. 25 Pf.

38/39. **Bürgerliches Gesetzbuch nebst Einführungsgesetz** von Dr. **A. Achilles.** In Verbindung mit Professor Dr. **André,** Kammergerichtsrat **Ritgen,** Reichsgerichtsrat **Strecker,** Ministerialrat Dr. **Unzner** herausgegeben von Geh. Ober-Justizrat **Greiff.** 6. Aufl. 8°. 1909. 6 M. 50 Pf.

40. **Gesetz, betr. die Pflichten der Kaufleute bei Aufbewahrung fremder Wertpapiere (Depotgesetz).** Mit Erläuterungen. Von **F. Lusensky,** Geh. Ober-Regierungsrat. 2. Aufl. 1905. 1 M.

41. **Börsengesetz.** In der Fassung der Novelle vom 8. Mai 1908. 2. Aufl. Von Wirkl. Geh. Ob.-Regierungsrat **Th. Hemptenmacher,** Staatskommissar an der Berliner Börse. 1908. 2 M.

42. **Grundbuchordnung** nebst den preußischen Ausführungsbestimmungen. Mit Einleitung. Von Prof. Dr. **O. Fischer.** 5. Aufl. 1909. 2 M.

43. **Zwangsvollstreckung in das unbewegliche Vermögen** im Reiche und in Preußen. Mit Einleitung, Kosten- und Gebührentabellen. Von Dr. **J. Krech,** Kaiserl. Geh. Regierungsrat und Professor Dr. **O. Fischer.** 5. Aufl. 1907. 2 M. vergriffen. Neue 6. Aufl. in Bearbeitung.

44. Das Reichsgesetz über das **Auswanderungswesen** vom 9. Juni 1897. Von Professor Dr. **Felix Stoerk.** 1899. 2 M. 25 Pf.

45. Das **Entmündigungsrecht** unter Berücksichtigung der für Preußen geltenden Vorschriften nebst der preußischen Justiz-Ministerial-Verfügung vom 28. November 1899. Von Landgerichtsrat Dr. **P. Koll** in Cöln. 1900. 1 M. 50 Pf.

46. Die Gesetze des Reiches und Preußens über die **freiwillige Gerichtsbarkeit.** Von **Herm. Jastrow,** Amtsgerichtsrat. 4. Aufl. 1906. 3 M.

47. **Das deutsche Vormundschaftsrecht** und das preuß. **Gesetz** über die Fürsorgeerziehung Minderjähriger nebst den dazu gehörigen preußischen Nebengesetzen. Von **Max Schultzenstein,** Oberverwaltungsgerichtsrat und Amtsgerichtsrat Dr. **Paul Köhne.** 2. Aufl. 1901. 3 M.

48. Gesetze und Verordnungen, betr. den **Drogen-, Gift- und Farbenhandel** außerhalb der Apotheken. Von Dr. **Broh,** Rechtsanwalt. 1899. 1 M. 25 Pf.

49. **Deutsche Kolonialgesetzgebung.** Von Professor Dr. **Philipp Zorn.** 1901. 4 M. 50 Pf.

50. Der **Viehkauf** (Viehgewährschaft) nach dem Bürgerlichen Gesetzbuche. Nebst Verordn. betr. die Hauptmängel und Gewährsfristen beim Viehhandel. Von Rechtsanwalt Dr. **H. Stölzle** und Königl. Kreistierarzt **H. Weiskopf.** 4. Aufl. 1908. 4 M.

51. **Hypothekenbankgesetz** vom 13. Juli 1899. Von Dr. **H. Göppert,** Gerichts-Assessor. 1900. 1 M. 80 Pf.

52. Gesetz, betreffend die gemeinsamen **Rechte der Besitzer von Schuldverschreibungen.** Von Dr. **Heinrich Göppert,** Gerichts-Assessor. 1900. 2 M.

53. **Reichspreßgesetz** vom 7. Mai 1874. Kommentar von **A. Born,** Polizeiassessor. 1900. 1 M. 50 Pf.

54. Die **Reichsgesetzgebung über den Verkehr mit Nahrungsmitteln, Genußmitteln und Gebrauchsgegenständen.** Von Dr. **Georg Lebbin,** Nahrungsmittelchemiker. 1900. 2 M. 25 Pf.

55. **Das Recht der Beschlagnahme von Lohn- und Gehaltsforderungen.** Von Justizrat **Georg Meyer.** 4. Aufl. 1910. M. Pf.

56. **Gesetz,** betr. die **Bekämpfung gemeingefährlicher Krankheiten.** Nebst Ausführungsbestimmungen. Von Dr. **Bruno Burkhardt,** Regierungsrat, Mitglied des Kais. Gesundheitsamts. 1900. 1 M. 40 Pf.

57. **See-Unfallversicherungsgesetz.** Von **Dr. Max Mittelstein,** Oberlandesgerichtsrat in Hamburg. 1901. 2 M.

58. **Das Recht der unehelichen Kinder** nach dem BGB. Von **Hermann Jastrow,** Amtsg.-Rat. 1901. 1 M. 80 Pf.

59. **Reichsgesetz über die Beurkundung des Personenstandes und die Eheschließung.** Von Dr. **F. Fidler,** Amtgerichtsrat. 1901. 1 M. 80 Pf.

60. **Gesetz,** betreffend das **Urheberrecht an Werken der Literatur und der Tonkunst.** Von Landrichter **Otto Lindemann.** 2. Aufl. 1907. 1 M. 60 Pf.

61. **Gesetz über das Verlagsrecht.** Von Justizrat **Ernst Heinitz.** 1901. 1 M. 50 Pf.

62. Über die **privaten Versicherungsunternehmungen.** Von **H. Könige,** Reichsgerichtsrat. 2. Aufl. in Bearbeitung.

63. **Gesetzestafel des Deutschen Reichsrechts.** Systematisch geordnete Nachweisung des z. Z. geltenden Reichsrechts. Ergänzungsband zu der Guttentag'schen Sammlung Deutscher Reichsgesetze. Von **Hugo Bruhns,** Syndikus. 1902. 8°. 2 M. 50 Pf.

64. Gesetzsammlung betr. den **Handel mit Drogen und Giften.** Reichsgesetzl. Bestimmungen und Anhang mit den landesgesetzl. Verordnungen sämtlicher Bundesstaaten. Von Rechtsanwalt **H. Sonnenfeld,** Syndik. d. Berl. Drogisten-Innung. 1902. 3 M.

65. Das **Weingesetz** in der Fassung v. 1909. Mit Ausführungsbestimmungen von Dr. **Georg Lebbin,** Handels- u. Gerichtschemiker. 2. Aufl. 1909. 2 M. 50 Pf.

66. **Die Eisenbahn-Gesetzgebung.** Von **W. Pietsch,** Geh. exp. Sekretär im Reichs-Eisenbahn-Amt. 1902. 5 M.

67. **Militär-Strafgesetzbuch.** In Vorbereitung.

68. Das **Fleischbeschaugesetz.** Vom 3. Juni 1900. Von Dr. **Georg Lebbin,** Gerichtschemiker und Rechtsanwalt Dr. **Georg Baum.** 1903. 4 M.

69. **Reichsgesetz über die Naturalleistungen der bewaffneten Macht im Frieden** nebst den in Preußen geltenden Bestimmungen. Von Regierungsassessor Dr. **Walter v. Hippel.** 1903. 1 M. 25 Pf.

70. **Das Reichs-Haftpflichtgesetz,** vom 7. Juni 1871. Von Regierungsrat Dr. **G. Eger.** 1903. Preis 3 M.

71. **Kinderarbeit in gewerblichen Betrieben,** v. 30. März 1903. Von **H. Spangenberg,** Oberverwaltungsgerichtsrat. 2. Aufl. 1904. 1 M. 60 Pf.

72. **Unfallversicherungsgesetz für Land- und Forstwirtschaft** von weil. Dr. **E. von Woedtke,** fortgesetzt von **Alfred Radtke,** Geh. Regierungsrat und Senatspräs. im Reichsversicherungsamt. 2. Aufl. 1904. 4 M. 50 Pf.

73. **Entschädigung für unschuldig erlittene Verhaftung und Bestrafung.** Nebst Anhang, enth. die dazu gehörigen Nebengesetze über Schadensersatz. Von Dr jur. **A. Romen,** Wirkl. Geh. Kriegsrat. 1904. 2 M.

74. **Die Kaufmannsgerichte** nebst den preuß. Ausführungsbestimmungen. Von Prof. Dr. **Max Apt,** 3. Aufl. 1905. 2 M.

75. **Reichsgesetz über die Konsulargerichtsbarkeit.** Von Dr. jur. **A. F. Vorwerk,** Rechtsanwalt in Schanghai. 2. Ausgabe, mit dem Schutzgebietsgesetz und der Ausführungsverordnung, betr. die Rechtsverhältnisse in den Schutzgebieten. 1908. 2 M.

76. **Die Rechtshilfe im Verkehr mit den ordentlichen Gerichten nach deutschem Reichsrecht.** Von Landrichter Dr. **A. Friedländer.** 1906. 1 M. 80 Pf.

77. **Das Reichserbschaftssteuergesetz.** Vom 3. Juni 1906. Von **Ulrich Hoffmann,** Geh. Registrator im Kgl. Preuß. Finanzministerium. 1910. M. P.

78. **Zigarettensteuergesetz.** Vom 15. Juli 1909. Von Dr. **Cuno,** Regierungsassessor. 2. Aufl. 1909. Im Druck, nach Erlaß der sämtl. Ausf.-Best.

79. **Die Militärpensionsgesetze** vom 31. Mai 1906 nebst Ausführungsbestimmungen. Zum Gebrauch für Heer, Marine und Schutztruppe von Dr. jur. **A. Romen,** Wirklicher Geheimer Kriegsrat.
a) I. Teil: Offizierpensionsgesetz. 1907. 3 M. 50 Pf.
b) II. Teil: Mannschaftsversorgungsgesetz. 1908. 3 M. 50 Pf.

80. Reichsgesetzgebung über **gerichtliche Registerführung.** Von **Otto Lindemann,** Landrichter. 1906. 3 M.

81. Gesetz, betr. **Urheberrecht an Werken der bildenden Künste und der Photographie.** Von Dr. **Ludw. Fuld,** Rechtsanwalt. 1907. 1 M.

82. **Reichsbeamtengesetz** in der Fassung vom 18. Mai 1907 und seine Ergänzungen von Geheimrat Professor Dr. **Ad. Arndt.** 1908. 3 M.

83. Reichsgesetz über **den Versicherungsvertrag** nebst Einführungsgesetz. Von Dr. **Paul Hager** und Dr. **R. Behrend,** Regierungsräte im Kaiserl. Aufsichtsamt f. Privatversicherung. 1908. 5 M.

84. **Sammlung kleinerer privatrechtlicher Reichsgesetze** von Landrichter **Georg Müller.** 1908. 6 M. 50 Pf.

85. **Scheckgesetz** mit Einleitung usw. Von Prof. Dr. **Max Apt.** 5. Aufl. Mit Postscheckordnung v. 6. XI. 1908 und im Anhang „Besteuerung des Schecks". 1909. 2 M.

    Postscheckordnung vom 6. XI. 08. Apart mit Erläuterungen u. Ausführungsbestimmungen. (30 Pf.)

86. **Die Auslieferungsverträge des Deutschen Reiches** von Landrichter **A. Cohn.** 1908. 4 M.

87. **Gesetz zum Schutz der Warenbezeichnungen.** Von Geh. Reg.-Rat, Mitgl. des Patentamts Dr. **Freund** u. Rechtsanwalt **Magnus.** 5. Aufl. 1909. 3 M. 50 Pf.

88. **Vereinsgesetz** vom 19. April 1908. Von Dr. jur. **A. Romen,** Wirkl. Geh. Kriegsrat. 2. Aufl. 1908. 1 M. 50 Pf.

89. **Vogelschutzgesetz** vom 30. Mai 1908 nebst den das Flugwild betr. Bestimmungen der Preußischen Jagdordnung von Dr. jur. **Leo von Boxberger.** 1908. 1 M.

90. Die Haager Abkommen über das **Internationale Privatrecht** von Dr. **G. A. E. Bogeng.** 1908. 2 M. 20 Pf.

91. **Eisenbahn-Verkehrsordnung** vom 23. Dez. 1908. Mit Ausführungsbestimmungen. Von Regierungsassessor bei der Eisenbahndirektion Breslau Dr. **Ernst Blume.** 1909. 2 M. 50 Pf.

92. **Gesetz**, betr. den **Verkehr mit Kraftfahrzeugen**. Von Amtsrichter **R. Kirchner.** 2. Ausgabe ergänzt durch die Bundesratsverordnung v. 3. Febr. 1910 u. das Internationale Uebereinkommen v. 11. Okt. 1909. 1910. 3 M.

93. Gesetz über die **Sicherung der Bauforderungen** v. Justizrat Dr. **E. Harnier.** 2. Aufl. 1909. 1 M. 30 Pf.

94. **Haftpflicht der Reichs- und Staats-Beamten** v. Dr. **H. Delius.** 2. Aufl. 1909. Mit dem Nachtrag, betr. das Gesetz über die Haftung des Reichs für seine Beamten v. 22. Mai 1910. 3 M. 50 Pf. Nachtrag einzeln 20 Pf.

95. Die Berner Uebereinkunft über **internationales Urheberrecht** von Dr. **Herm. Dungs,** vortrag. Rat im Reichsjustizamt. 1910. 1 M.

96. **Branntweinsteuergesetz** vom 15. Juli 1909. Unter Berücksichtigung der für das Reich erlassenen Ausführungsbestimmungen. Von Geh. Reg. Rat **Johs. Nay,** vortrag. Rat im Reichsschatzamt. 1910. 3 M. 50 Pf.

97. **Schutzgebietsgesetz** nebst der Verordnung betr. die Rechtsverhältnisse in den Schutzgebieten, dem Gesetz über die Konsulargerichtsbarkeit sowie den Ausführungsbest. u. ergänz. Vorschriften. Von **Johs. Gerstmeyer,** Wirkl. Legationsrat u. Vortrag. Rat im Reichskolonialamt. 1910. 3 M.

98. **Sechs Haager Abkommen** über **Internationales Privatrecht.** Von Dr. **Herm. Dungs,** vortrag. Rat im Reichs-Justizamt. 1910. 1 M. 50 Pf.

99. **Die Abkommen der Haager Friedenskonferenz** von Dr. jur. **Hans Wehberg.** 3 M.

100. Gesetz über den **Absatz von Kalisalzen.** Von Geh. Bergrat **Voelckel.**

Guttentag'sche Sammlung
Preußischer Gesetze.
Text-Ausgaben mit Anmerkungen. Taschenformat.

1. **Die Verfassungs-Urkunde** für den Preußischen Staat. Mit Einleitung, vollständigem Kommentar. Von Prof. Dr. **Adolf Arndt.** 6. Aufl. 1907. 3 M.

2. **Preußische Beamten-Gesetzgebung.** Enthaltend die wichtigsten Beamtengesetze in Preußen. Von **C. Pfafferoth.** 4., neubearb. Aufl. 1905. Mit Anhang: Abänderung vom 27. Mai 1907. 2 M.

3. **Die Aufnahme des Nottestaments** durch die bestellten Urkundspersonen. Anweisung mit Musterbeispielen und Abriß des Erbrechts von Amtsgerichtsrat **C. Kurtz.** 1904. 1 M. 50 Pf.

4. **Gebührenordnung** für **Notare** vom 25. Juni 1895. Von **R. Sydow.** 3. Aufl. bearbeitet von Justizrat Dr. **Rausnitz.** 1908. 1 M. 60 Pf.

5. **Gesetz vom 24. April 1854 (betr. die außerehel. Schwängerung).** Von Dr. **Schulze.** 1873. 75 Pf. Gültiges Recht siehe: Reichsgesetze Nr. 58.

6. Die Preuß. **Ausführungsgesetze und Verordnungen zu den Reichs-Justizgesetzen.** Von **R. Sydow.** 3. vermehrte Aufl. 1895. 2 M. 40 Pf. S. Seite 25, Busch-Eylau, Ausführungsgesetze.

7. **Allg. Gerichtsordnung** und Preuß. **Konkursordnung.** Von **F. Vierhaus.** Vergriffen.

8. **Vormundschaftsordnung.** Von **F. Schultzenstein.** Gültiges Recht siehe: Reichsgesetze Nr. 47.

9. **Die Preußische Grundbuchgesetzgebung.** Von Prof. Dr. **Fischer.** Vergriffen. Siehe: Reichsgesetze Nr. 42.

10. **Einkommensteuergesetz.** Von **A. Fernow,** Geh. Ober-Finanzrat. 7. Aufl. 1908/9. Mit Nachtrag v. 22. III. u. 26. V. 09. 3 M. 25 Pf.

11. **Gewerbesteuergesetz.** Von **A. Fernow,** Geh. Ober-Finanzrat. 5., vermehrte Aufl. 1910. 3 M.

12. **Allgemeines Berggesetz** für die Preußischen Staaten vom 24. Juni 1865. Von **W. Westhoff** und **W. Schlüter.** 2. Aufl. 1907. Mit Nachtrag v. 1909. 5 M.

13. **Ergänzungssteuergesetz** (Vermögenssteuergesetz). Von **A. Fernow,** Geh. Ober-Finanzrat. 4. vermehrte Aufl. 1907. 2 M. 40 Pf.

14. **Kommunalabgabengesetz.** Vom 14. Juli 1893 und Gesetz wegen Aufhebung direkter Staatssteuern. Von Dr. **F. Adickes,** Oberbürgermeister. 4. Aufl. 1906. 1 M. 50 Pf.

15. Die **Kreisordnungen** für den Preußischen Staat. Von **O. Kolisch,** Landgerichtsrat. 1894. 4 M.

16. **Konzessionierung gewerblicher Anlagen.** Preuß. Ausführungs-Anweisung zu §§ 16 u. ff. der Gewerbe-Ordnung. Von Dr. **W. v. Rüdiger,** Geh. Regierungs- u. Gewerberat. 2. Aufl. 1901. 2 M.

17. **Preußisches Gerichtskostengesetz.** Mit Kostentabellen. Von Dr. **P. Siméon,** Landgerichtsrat. 5. Aufl. 1908. 2 M. 60 Pf.

18. **Preußisches Stempelsteuergesetz** vom 30. Juni 1909. Mit Ausführungsbestimmungen und Tabellen. Von **P. Loeck,** Geh. Regierungsrat. 6. Aufl. mit Anhang. 8°. 1907/09. 6 M.

19. **Das Jagdscheingesetz.** Mit ausführlichen Erläuterungen. Von **F. Kunze,** Wirklichem Geh. Ober-Regierungsrat. 2. Aufl. 1899. 2 M.

20. **Die preußischen Erbschaftssteuergesetze.** Unter Berücksichtigung der Novelle vom 31. Juli 1895. Von **U. Hoffmann,** Geh. Registrator im Königl. preuß. Finanzministerium. 1905. 4 M. (Reichs-Erbschaftssteuergesetz s. Reichsgesetze Nr. 77).

21. **Gesetz über die Handelskammern.** Von **F. Lusensky,** Geh. Regierungsrat. 2. Aufl. 1909. 3 M.

22. **Gesetz, betr. Anstellung und Versorgung der Kommunalbeamten.** Von Dr. **W. Ledermann,** Magistratsassessor zu Berlin. 1899. 1 M. 25 Pf.

23. **Ausführungsgesetz zum Bürgerlichen Gesetzbuche.** Von Landrichter Dr. **P. Siméon.** 2. Aufl. 1905. 1 M. 80 Pf.

24. **Die Hinterlegungsordnung** in der Fassung des Ausführungsgesetzes z. BGB. v. 20. Sept. 1899 nebst Ausführungsbestimmungen. Von Regierungsrat Dr. **Georg Bartels.** 2. Aufl. 1908. 2 M.

25. **Preußische Kommunalbeamtengesetzgebung.** Von Magistr.-Assess. Dr. **Fr. Kremski**, Berlin. 1901. 3 M.

26. **Gesetze über das Diensteinkommen der Lehrer und Lehrerinnen, Ruhegehalt und Fürsorge für Hinterbliebene.** Tabelle zur Berechnung der Ruhegehalts-, Witwen- u. Waisenbezüge. Von Dr. **Ed. Cremer**, Beigeordneter. 1900. 2 M. 40 Pf.

27. **Gesetz, betreffend die Warenhaussteuer.** Von Geh. Ober-Finanzrat Dr. **G. Strutz.** 1900. 1 M. 20 Pf.

28. **Gesetz über die Fürsorgeerziehung Minderjähriger.** Von Landgerichtsdirektor Dr. **P. F. Aschrott.** 2. umgearbeitete Aufl. 1907. 2 M. 80 Pf.

29. **Gesetz, betr. die ärztlichen Ehrengerichte, das Umlagerecht und die Kassen der Aerztekammern.** Von Amtsgerichtsrat Dr. **F. Fidler.** 1901. 1 M. 50 Pf.

30. **Die das Preußische Staatsschuldbuch und Reichsschuldbuch betr. Gesetze** nebst Ausführungsbestimmungen. Von Wirkl. Geh. Ober-Finanzrat **J. Mücke**, Mitglied der Staatsschuldenverwaltung. 1902. 2 M.

31a. **Die geltenden Preußischen Gesindeordnungen.** Herausgegeben in zwei Bänden von **Stephan Gerhard**, Rechtsanwalt in Berlin. 1902.

Band I: Gesindeordnung für die altpreußischen Provinzen vom 8. XI. 1810, mit Erläuterungen unter Berücksichtigung der Ergänzungsgesetze und der Rechtsverhältnisse der Gesindevermieter, sowie die Gesindeordnungen für Neuvorpommern und Rügen und für die Rheinprovinz. 2 M. 50 Pf.

31b. **Band II: Gesindeordnungen für Hannover, Schleswig-Holstein, Hessen-Nassau und den Regierungsbezirk Hohenzollern.** 2 M. 50 Pf. Siehe auch Seite 24: Ratgeber von Grieben.

32. **Die Städteordnung für die sechs östlichen Provinzen Preußens vom 30. Mai 1853.** Von **Dr. jur. Walter Ledermann**, Magistrats-Assessor zu Berlin. 8°. 1902. 6 M.

33. **Rentenguts- und Anerbenrechts-Gesetzgebung in Preußen.** Von Landgerichtsrat **M. Peltasohn** und Rechtsanwalt **Bruno Peltasohn.** 1903. 3 M.

34. Sammlung der wichtigsten **preußischen Strafgesetze** nebst Anhang: Gesetz betr. polizeiliche Strafverfügungen vom 23. April 1883. Von **Otto Lindemann**, Amtsrichter. 1903. 2 M. 50 Pf.

35. **Geschäftsordnung für Gerichtsvollzieher.** Gerichtsvollzieherordnung und Gebührensätze von Amtsgerichtssekretär **Emil Exner.** 1904. 3 M. 50 Pf.

36. **Polizeiverordnungen in Preußen.** Von **Otto Lindemann**, Landrichter. 1904. 1 M. 50 Pf.

37. Gesetz über die **Enteignung von Grundeigentum** vom 11. Juni 1874. Von Landrichter **O. Meyer.** 1905. 2 M.

38. **Kreis- und Provinzial-Abgabengesetz.** Vom 23. April 1906. Von **Fr. Schmidt**, Gemeindevorsteher. 1906. 1 M. 25 Pf.

39. Gesetz betr. die **Unterhaltung der öff. Volksschulen.** Von **Dr. A. Marcks,** Reg.-Rat. 1906. 2 M.

40. **Verwaltungsstrafverfahren** bei Zuwiderhandlungen gegen die Zollgesetze und indirekte Reichs- und Landesabgaben, sowie die Bestimmungen über die Schlacht- und Wildpretsteuer vom 26. Juli 1897. Von **Dr. Richard Katzenstein,** Gerichtsassessor. 1907. 3 M. 60 Pf.

41. Die **preußischen Jagdpolizeigesetze.** Von **Fr. Kunze,** Wirkl. Geh. Oberregierungsrat und **R. Kühnemann,** Rechtsanwalt. 2. Aufl. 1907. 3 M. 60 Pf.

42. Die Gesetzgebung über die **Allgemeine Landesverwaltung** und über die **Zuständigkeit der Verwaltungs- und Verwaltungsgerichtsbehörden.** Von Rechtsanwalt **Dr. Karl Friedrichs.** 1908. 3 M.

43. Gesetz betr. die **Zulassung einer Verschuldungsgrenze** für land- und forstwirtschaftlich benutzte Grundstücke v. 20. August 1906 nebst Ausführungsvorschriften. Von Dr. jur. **R. Leweck,** Syndikus der Ostpreuß. Landschaft. 1908. 2 M. 40 Pf.

44. **Quellenschutzgesetz** vom 14. Mai 1908 nebst den Ausführungsbestimmungen von **Carl Voelkel,** Geheimer Bergrat. 1909. 1 M.

45. **Rechtsverhältnisse der Juden in Preußen** von Dr. jur. et rer pol. **Max Kollenscher,** Rechtsanwalt. 1910. 2 M. 40 Pf.

Guttentag'sche Sammlung von Text-Ausgaben mit Sachregister ohne Anmerkungen.

Taschenformat, elegant in Leinen gebunden.

Reichs-Justizgesetze: Gerichtsverfassungsgesetz. Zivilprozeßordnung. Konkursordnung. Strafprozeßordnung. 2. Aufl. In einem Bande 3 M. 80 Pf.

Zivilprozeßordnung mit Gerichtsverfassungsgesetz und Einführungsgesetzen. Neue Fassung von 1909. 2 M.

Konkursordnung mit Einführungsgesetz. 80 Pf.

Bürgerliches Gesetzbuch nebst Einführungsgesetz. 10. Abdruck. 2 M. 50 Pf.

Handelsgesetzbuch nebst Einführungsgesetz u. Seerecht. 8. Abdruck. 1910. 1 M. 80 Pf.

Ausführungsanweisung zur Gewerbeordnung vom 1. Mai 1904 nebst der preuß. technischen Anleitung. 2 M.

Militärstrafgerichtsordnung nebst Einführungsgesetz u. Ges., betr. Dienstvergehen der richterlichen Militärjustizbeamten u. unfreiwillige Versetzung derselben usw. Militär-Strafgesetzbuch *) mit Abdruck der entsprechenden Bestimmungen des Reichs-Strafgesetzbuchs. 2. Aufl. 1 M. 50 Pf. *) Ist auch einzeln zu haben. Preis 1 Mk.

Wechselordnung in der Fassung der Bekanntmachung v. 3. Juni 1908. Mit Anhang: Wechselprozeß und Ausführungsanweisung. 1908. 1 M.

Die Preußischen Ausführungsgesetze zum Bürgerlichen Gesetzbuche und Nebengesetze. Text-Ausgabe ohne Anmerkungen. 5. Aufl. Taschenformat. Geb. in ganz Leinen Preis 1 M. 80 Pf.

Reichsfinanzgesetze v. 15. Juli 1909 einschließlich der Reichsstempelgesetze u. des Erbschaftssteuergesetzes. 1909. Geb. in ganz Leinen. 2 M.

Guttentag'sche Sammlung von Text-Ausgaben mit Sachregister **ohne** Anmerkungen.

Die Preußischen Ausführungsgesetze, Verordnungen und ministeriellen Verfügungen zu dem Bürgerlichen Gesetzbuche und den Reichs-Justizgesetzen nebst anderen zugehörigen Gesetzen. Von **L. Busch.** 2. Aufl. von Landrichter **O. Eylau.** 8°. Preis geb. 4 M. 50 Pf.

Preußische Bürgerliche Gesetzsammlung. Sammlung der noch geltenden Landesgesetze privatrechtlichen Inhalts. Herausgegeben von den Gerichtsassessoren **D. Fischer** und **Dr. F. Schroeder.** 8°. 2 Bände Preis geb. in ganz Leinen 20 M.

Erster Band: **Das Allgemeine Landrecht mit den Einführungs-Patenten.** Preis 6 M.

Zweiter Band: **Gesetze von 1773—1902.** Preis 14 M.

Preußisches Baupolizeirecht. Mit Kommentar der Baupolizeiverordnung für die Vororte von Berlin. Vom 28. Mai 1907. Von Gemeinde-Baurat **Carl Saß,** Königlichen Reg.-Baumeister a. D. Preis 6 M.

Straßen- und Baufluchtliniengesetz. Kommentar für den praktischen Gebrauch mit zeichnerischen Darstellungen von Gemeindebaurat **Karl Saß,** Kgl. Regierungs-baumeister a. D. 8°. Preis kartoniert 3,—M.

Fluchtliniengesetz. — Das Gesetz, betreffend die **Anlegung** und **Veränderung** von Straßen und Plätzen in Städten und ländlichen Ortschaften vom 2. Juli 1875. Des Kommentars von weil. Oberverwaltungsgerichtsrat R. Friedrichs. Sechste, völlig neubearbeitete Auflage. Von Senatspräsident Dr. jur. Hugo von Strauß und Torney. 1909. Im Druck.

Invalidenversicherungsgesetz vom 13. Juli 1899. Handausgabe mit Anmerkungen herausgegeben von Dr. Richard Freund, Vorsitzendem der Landes-Versicherungsanstalt Berlin. 3 Aufl. geb. 5 M.

Wie leitet man eine Versammlung? Geschäftlicher Handweiser für Vorsitzende. Von einem Mitgliede des deutschen Reichstages und des preußischen Abgeordnetenhauses. 2. Aufl. 1908. kart. 1 M.

Praktischer Ratgeber für Dienstherrschaften nach dem Preuß. Gesindérecht unter Berücksichtigung der neueren Entscheidungen bearbeitet von H. Grieben, Verwaltungsdir. a. D. u. Bürgermeister. 1908. 1 M.

Das Recht der Handlungsgehilfen und Handlungslehrlinge. Von Rechtsanwalt Hugo Horrwitz. 2. Aufl. 1905. (203 S.) Geb. in Leinen 3 M.

Die Registratur. 2. Auflage. 1906. Von Hermann Kollrack, Kgl. Polizeisekretär am Berliner Polizeipräsidium. 8°. (84 S.) Kart. 1 M. 40 Pf.

Die Pflichten des Waisenrates. Ein praktischer Leitfaden für Waisenräte und Verwaltungsbeamte. Von F. Baum, Geh. Justizrat und Vormundschaftsrichter. Achte vermehrte und verbesserte Auflage. 1906. 8°. (46 S.) 60 Pf.

Der Vormund, Gegenvormund, Pfleger u. Familienrat. Nach dem Bürgerlichen Gesetzbuch, dem Reichsgesetz über die Angelegenheiten der freiwilligen Gerichtsbarkeit und dem Ausführungsgesetz zum BGB. Ein praktischer Leitfaden. Von F. Baum, Geh. Justizrat und Vormundschaftsrichter. 1899. 8°. (64 S.) 50 Pf.

Schlagwort-Register.

R. = Nummer der Sammlung Deutscher **Reichsgesetze**.
P. = Nummer der Sammlung **Preußischer** Gesetze.
S. = Seite.

---

7. 120 000. VI. 10.

FSC
www.fsc.org
MIX
Papier | Fördert gute Waldnutzung
FSC® C083411

Kolibri 360 GmbH
Ferdinand-Jühlke-Straße 7
99095 Erfurt, Deutschland
produktsicherheit@kolibri360.de